U0932012

古都巡遊 好風如水（2）

現代詮釋

梁冠文 著

JPC

◉ 當周遭形勢大定，來路大定，屋向都已大定，你還有多少改動空間？怎期望風水能扭轉乾坤？

◉ 水主動，貴乎靜。港島南區淺水灣顧名思義，淺平南中國海湧來的波浪，令明堂平靜翕聚，配合風水要求。

◉不懂風水的人都覺得西貢好風水，因為賞心悅目的自然環境一直蘊藏在上佳風水觀念之中，視之為理想棲息地。

KING'S COLLEGE

◉ 喬家大宅方形佈局，高牆深宅，內向型合院，類似建築形制亦普遍見於中國各處，反映中國人內斂的民族性。

◉ 傳統中國房屋設計，刻意投放視野平衡元素，站在後廳前，總能看到前座建築和天空，各佔一半。

◉過往的佛道中人亦有風水大家，石獅子下的須彌座，是佛學滲入風水領域的見證。

◉ 現代摩天建築猶如古時高塔，風水上視為嶠星，具迴風反氣作用，定位跟一般建築物不同，方位所在需多加考量。

新興全球學術領域下的風水研究

The Emerging Global Academic Field of Fengshui Studies

特里斯坦·G·布朗 | Tristan G. Brown | 麻省理工學院S. C. Fang中國語言與文化職業發展系教授

The publication of Davis Leung's *Eight Great Ancient Capitals 2* is a timely reminder that we live in an exciting time for the study of fengshui. While the past century saw the knowledge and practice of fengshui often ridiculed in popular discourse as a "superstition" or "pseudoscience", today such phrasings feel dated and uninformed. Surely, several trends have contributed to the changing global fortunes of fengshui: high levels of interest in divinatory practices across the Sinosphere, a growing confidence in traditional culture in Mainland China, and the growth of overseas Chinese communities and subsequent investment in local real estate markets around the world—among many others.

Another factor involves the development of academic scholarship on fengshui in China, Japan, Europe, and North America. That formidable body of work took root in part through studies by anthropologists like Maurice Freedman, Stephan Feuchtwang, Emily Ahern, Ole Bruun, among others, and is now blossoming through talents like Chen Jinguo (陳進國) and Liu Yonghua (劉永華). While much could be said about this complex fabric of studies in history and anthropology, I will offer here three related observations of the changing state of the field of fengshui studies.

I. Merging Theory and Practice. Readers want to know something about the theories that underpin the execution of fengshui claims. That widespread feeling is natural and understandable. However, scholars have increasingly recognized the limits to this approach. Classical works of fengshui such as the Book of Burial introduce students to key fengshui concepts and ideas. Yet, the Bible can only teach us so much about Christianity, just as the Lotus Sutra can only teach us so much about Buddhism. Knowledge traditions (or "religions", to use a Western concept) are read, lived, and experienced.

To understand fengshui, we must go beyond classical texts and ask: how did people living in the tenth century understand fengshui? How did people living in the sixteenth century understand fengshui? How did the residents of Anhui understand fengshui, and how might their conceptions have differed from those of Taiwan's inhabitants?

None of these observations are to dismiss the importance of the printed word. Indeed, much fengshui scholarship hitherto has been conducted by anthropologists, who are especially adept at providing what Clifford Geertz called "thick descriptions" of a specific time and place. Indeed, the ethnographic dominance of fengshui studies sometimes (unintentionally) reinforces the unfortunate impression that fengshui can be reduced to a local practitioner's opinion, or that people were simply making stuff up.

We know enough about fengshui's historical development and deployment now to confidently conclude: fengshui had some structure. It was not a blank canvas on which anything could be written by anyone. Herein lies the challenge and the opportunity for scholars. We need to answer: where did theory and practice meet in the field? What was locally specific? What was transregional or even transnational? These questions are difficult, but they are answerable.

II. Evidence-Based over Tradition-Based Approaches. When I first began reading about fengshui, I would frequently encounter discussions of the "Compass School" or the "Form School." Sometimes, a nugget of knowledge or a local practice was not even ascribed to a specific school but deemed simply "fengshui" or "a traditional saying". Much of what was written about fengshui deferred to tradition or "just the ways things are" in justifying certain claims.

Scholars are increasingly questioning these labels. Consider that many texts in premodern China identified themselves as belonging to the "Form School". But what did such a professed affiliation mean? Did practitioners of the "Compass School" completely reject the consideration of landscape and mountain formations? I doubt it. Of the many legal cases I consulted for my first book, *Laws of the Land: Fengshui and the State in Qing Dynasty China*, I found that litigants and even geomancers rarely invoked these distinctions in practice, even as they used compasses and discussed landforms.

Today, when someone offers me with a piece of "traditional" fengshui knowledge that is presented as universally sacrosanct, I ask to see a primary source. If the principle derives from a printed text, I want to know: which text? Which edition? Which commentary? If the principle was important enough to be recorded on one or more stone steles, we should transcribe and examine the inscriptions carefully. Scholars are rejecting the easy answers offered by popular sources such as online forums and following the hard evidence.

Among the many constants encompassed by fengshui over the centuries, one is that learned skepticism is an essential part of good practice.

III. Dynamic Change over Timeless Understandings. Fengshui is old—there's no doubt about it. However, while I sympathize with the desire to trace certain practices and ideas back to "their origin", the field is recognizing the historical reality that—just like astronomy, medicine, Christianity, or Daoism—fengshui changed. As historians, we are not afraid of change; change is literally what we study.

Consider that so much remains unknown about fengshui—especially in contrast to Chinese medicine. Major opportunities exist (graduate students take note!) in tracing the historical evolution of fengshui terms and ideas over time. Consider dragon veins (longmai 龍脈). When did the association of dragons with mountains and rivers arise in China? When did the notion of "dragon" merge with the concept of terrestrial "vein"? More broadly, how did fengshui influence understandings in Chinese medicine? How did medicine influence fengshui? Questions like these will keep our field busy for decades.

I would observe that a great many premodern fengshui texts from the Ming (1368-1644) and Qing (1644-1912) eras identify the Tang (618-907) as critical for the historical development of fengshui in China. Those texts are probably correct, at least in part. But those narratives are also manifestly strategic. Consider the many Muslim family genealogies that center the historical importance of the Tang for the arrival of Islam in China, even though most of their Muslim ancestors likely arrived during the more contentious Mongol Yuan (1271-1368). Could something similar be going on in fengshui texts?

My hunch is that many concepts we have come to understand as essential to "classical" fengshui arose in the Song period (960-1279) and were then popularized through commercial presses over the Ming and Qing eras, when the Tang took on semi-mythological status. But this history remains to be told, and if anything is certain, it's that the past will never cease to surprise us when we truly understand it.

The above observations are just a few ideas about the directions that the field of fengshui studies might go. Much more remains to be said. Historians like Ian M. Miller (Ph.D., Harvard), Yu Xin (余欣, Ph.D., Washington University in St. Louis), and Hua Ye (華燁, Ph.D. Student, the University of Hong Kong) now are tackling difficult fengshui topics head-on in their respective works. Our field's future is bright in no small part because it is in good hands.

For readers of *Eight Great Ancient Capitals 2*, I would like to commend fengshui enthusiasts like Davis Leung making good use of this emerging scholarship. Leung's study aligns with many of the trends I introduce above, including the elevated status of Tang-era fengshui masters such as Yang Yunsong (楊筠松) in later manuals. Leung's deft handling of traditional histories when identifying principles that can be applied to modern contexts is indicative of the author's careful reading for both change and continuity. Strong relationships between scholars, enthusiasts, and practitioners will be essential for the future health of our field and for ensuring that good, solid knowledge of fengshui can be made available to the broader public. What seems certain is that, for the study and practice of fengshui, this century will not be a repeat of the last. As we say: fengshui lunliu zhuan (風水輪流轉).

Cambridge, Massachusetts.

梁冠文（Davis Leung）出版的《古都巡遊2》是對我們在研究風水的關鍵時刻一個及時提醒。儘管過去的一個世紀中，風水的知識和實踐常常被嘲笑為「迷信」或「偽科學」，但如今這樣的說法已顯得陳舊和無知。當然，多種趨勢導引了風水在全球的變化命運：在漢語文化圈內對占卜實踐的高度興趣，中國內地對傳統文化的日益自信，以及海外華人社區的增長及其對世界各地地產市場的投資等等。

另一個因素涉及中國、日本、歐洲和北美等地風水學術研究的發展。這一龐大的學術工作在某種程度上通過莫里斯·弗里德曼（Maurice Freedman）、斯蒂芬·費特萬（Stephan Feuchtwang）、艾米麗·阿恒（Emily Ahern）、奧勒·布倫（Ole Bruun）等人的研究奠定了基礎，現在正歸功於陳進國和劉永華等人的孜孜努力而得以蓬勃發展。雖然對這個歷史和人類學研究的複雜結構可以有很多說法，但我在這裡提出三個相關觀察，以說明風水研究領域的變化狀態。

一、理論與實踐的融合。讀者們想要了解支撐風水觀點執行的理論。這種普遍追求合乎天性，不難明白。然而，學者們越來越意識到這種方法的局限性。《葬書》等經典的風水著作介紹了關鍵的風水概念和思想。然而，《聖經》只能讓我們有限地了解基督教，正如《法華經》只能讓我們有限地了解佛教一樣。知識傳統（或使用西方概念的「宗教」）是通過閱讀、生活和經驗來理解的。要理解風水，我們必須超越經典文本，並問：十世紀的人們如何理解風水？十六世紀的人們如何理解風水？安徽的居民如何理解風水，他們的觀念可能與台灣居民的觀念有所不同？

這些觀察並不是為了否定印刷文字的重要性。事實上，迄今為止，許多風水學研究是由人類學家進行的，他們對特定時間和地點提供了克利福德·吉爾茨(Clifford Geertz)所稱的「厚實描述」。事實上,風水研究的民族志學優勢有時(無意中)強化了「風水可以被簡化為當地從業者的觀點,或者人們只是胡編亂造」的不幸印象。

我們現在對風水的歷史發展和應用了解有足夠掌握,可以自信地得出結論:風水有一定的結構。它不是一個任何人都可以隨意書寫的空白畫布。這就是學者們面臨的挑戰和機遇所在。我們需要回答:理論和實踐在這個領域中相遇在哪裡?有哪些具有地方特色?有哪些是跨地區甚至跨國界的?這些問題很困難,但是可以回答。

二、基於證據而非傳統的方法。當我開始閱讀關於風水的內容時,我經常遇到有關「羅盤派」或「形勢派」的討論。有時,一些知識或地方實踐甚至都沒有被歸屬於特定的派別,而只是被稱為「風水」或「傳統說法」。關於風水的許多論述都倚重傳統或以「事物本就如此」來證明某些觀點。

越來越多學者們對這類既定標籤提出質疑。考慮到中國古代的許多文獻都自稱為「形勢派」,那麼這種自稱意味著什麼呢?「羅盤派」的實踐者是否完全排斥了對風水中的地貌和山水形態的考慮?我對此表示懷疑。在我為我的第一本書*Laws of the Land: Fengshui and the State in Qing Dynasty China*(暫無中譯本,筆者譯為《清朝時期中國的地方風水法律》)所研究的許多法律案例中,我發現訴訟一方甚至風水師在實踐中很少區分兩者,即使他們使用羅盤並討論地貌。

如今,當有人向我提供一個聲稱普世認同又神聖不可侵犯的「傳統」風水知識時,我會要求查看主要來源。如果原則來自一本印刷文獻,我想知道:是哪本文獻?哪個版本?哪個注釋?如果這個原則重要得需要記錄在一個或多個石碑上，我們應該仔細轉錄和研究這些碑上銘文。學者們正在摒棄諸如在線論壇等流行資源所提供的簡單答案，而是講求嚴謹的證據。

在風水的漫長歷史中，有許多原則必須堅守，其中之一就是抱持懷疑態度，它是成功實踐的重要組成部分。

三、懂得與時並進而非死守舊說。風水毫無疑問是古老的。然而，雖然我理解追溯某些實踐和觀念的渴望，但這個領域正認識到歷史的現實，即風水就像天文學、醫學、基督教或道教一樣發生了變化。作為歷史學家，我們不害怕變化；變化正是我們研究的對象。

考慮到風水仍然存在許多未知之數，特別是與中醫相比。追溯風水術語和觀念在歷史上的演變，存在著重大的機會（研究生們請注意！）以龍脈為例。中國何時出現了龍與山水的關聯？何時將「龍」這一概念與「地脈」這一概念融合起來？更廣泛地說，風水如何影響對中醫的理解？醫學又如何影響風水？類似這樣的問題可以讓我們忙碌數十年。

我觀察到，許多明朝（1368-1644年）和清朝（1644-1912年）的古代風水文獻將唐朝（618-907年）視為中國風水發展的關鍵時期。這些文獻在某種程度上可能是正確的。但這些敘述背後顯然也另有考量。考慮到許多穆斯林家族的族譜將唐朝的歷史重要性置於中心地位，以此來表述伊斯蘭教傳入中國的重要性，儘管他們的大多數穆斯林祖先很可能是在更具爭議的蒙古元朝（1271-1368年）時期到達的。風水文獻中是否也存在類似的情況？我猜想，我們所理解的許多對於「古典」風水至關重要的概念可能起源於宋朝（960-1279年），然後通過明清時期的商業出版物得到推廣，此時唐朝已經具有半神話的地位。

但這段歷史有待揭示，而且如果有什麼確定的事情，那就是當我們真正理解歷史時，過去將永遠讓我們感到驚訝。

以上觀察只是關於風水研究領域可能的發展方向的一些想法，還有很多有待討論的內容。歷史學家如哈佛大學的伊恩·米勒博士（Ian M. Miller）、華盛頓大學聖路易斯分校的余欣博士和香港大學的華煒博士生正在各自的研究中處理困難的風水題目。探索風水領域的未來充滿希望，這在很大程度上歸功於這些優秀學者的貢獻。

對於《古都巡遊2》的讀者，我要讚賞像梁冠文這樣的風水愛好者，他充分利用了這些新興學術研究來寫這書。梁的研究與我上面介紹的許多趨勢一致，包括唐代風水大師（如楊筠松）在後期著作中地位的提升。梁在確定可以應用於現代背景的風水原則時，對傳統歷史的嫻熟處理體現了作者對變革和延續的細緻閱讀能力。

學者、愛好者和實踐者之間的緊密聯繫對於我們領域未來的健康發展至關重要，也有助於確保向廣大公眾提供良好、可靠的風水知識。可以肯定的是，對於風水的研究和實踐而言，本世紀將不會重複上一個世紀的情況。正如我們所說：「風水輪流轉」。

書於美國馬薩諸塞州劍橋

風水與墓葬研究

李宗鴻 英國皇家院士、國際中國哲學會青年學者論文獎得主

閱讀梁冠文兄關於風水研究的新書，我對該書涉及墓葬相關的內容特別注意。這亦讓我回想起在2011年於法國巴黎高等社會科學研究院舉行的國際中國哲學會議上，我曾引用巫鴻教授《黃泉下的美術》(2010) 一書關於墓葬藝術的觀點，發表了以鎮墓獸為題的文章。

風水包含不同類別，研究墓葬便是其中之一。據《禮記·檀弓上》所載：「葬也者，藏也；藏也者，欲人之弗得見也。是故，衣足以飾身，棺周於衣，槨周於棺，土周於槨；反壤樹之哉。」即人死後其遺體以棺槨保存，並以泥土覆蓋，由此成為墓葬。而一座墓由地上和地下兩個建築部分組成，地上建築部分暴露在外，作為日常祭祀活動的場所；內部則有裝飾和陳設，只有通過考古發掘才能揭示。

藝術史研究領域出現了一個重大變革，學者的關注從隨葬品本身轉移到墓葬在特定歷史環境中的製作、認知和功能。這種研究實際上分享了一個基本的方法論前提：「墓穴作為一個被設計、建造和裝飾的整體來研究。」

我們需要重新思考中國墓葬藝術和建築的根本目的。通過研究中世紀中國陶製鎮墓獸的功能，我們可以觀察墓室中構建的象徵環境和特定的主題空間如何適合這些神獸和墓主人靈魂的存在。

中國墓穴的空間性可以闡述為一個特別構建的空間，稱為「位」——靈魂的「位置」。這個空間賦予了黑暗的地下墓室以主體性，並確立了一個中心。特別是它為死者在這個環境中提供了一個位置，而「位」可以由有形或無形的標誌表示，「位」的概念可應用於鎮墓獸等隨葬品。鎮墓獸是指古代中國人用來驅逐鬼怪、保護死者的隨葬動物，通常被製作成各種奇怪的神獸。

鎮墓獸確實是某些歷史時期社會活動的產物，具有鮮明的時代特點。自北朝（386-581年）開始，成對的人形和獸形守護者逐漸成為墓室中常見的隨葬品。

通過觀察墓葬物品的動態工藝，可以確認「位」的存在。從鎮墓獸的容貌特徵可知，它們可以自由地在地下世界中移動。據說它們的巨大耳朵能聽到四面八方的聲音，翅膀能使它們飛翔，蹄足能助它們在野外奔跑。這意味著鎮墓獸可以迅速自由地遊走，以保護死者的靈魂。

更具體地觀察，鎮墓獸大多有凸出的眼睛、張開的大口、佈滿鬍鬚的下巴、遍佈鱗片的身軀、代表各種動物的部分例如鹿角、鷹爪和虎掌，其中一些亦是構成龍的特徵。為了增強鎮墓獸作為墓穴守護者的兇猛樣子，它們的身體大多塗有紅色顏料，並用綠色、黃色和棕色突出形態。這種生物栩栩如生地喚起了古代墓室的動態環境。

此外，自北朝以來，中世紀墓葬系統的一個關鍵發展是納入了十二生肖俑，即十二地支的象徵。這些地支與十天干結合，形成了六十甲子循環。地支也與十二時辰相對應，即與赤道周圍的十二個部門相關聯。實際上，十二生肖俑在墓室中以不同形式出現，從繪畫的獸形圖像到半身或全身人物雕塑。它們的擺放具有規律，形成一個緊密的圈陣圍繞地下墓室。十二生肖俑所代表的十二地支亦可象徵十二時辰，並讓所屬神靈輪流守護墓主人。

這種安排可以在一部寫於十二世紀的葬儀手冊《大漢原陵秘葬經》中找到，該書由「地理陰陽人」張景文撰寫，書中的圖表顯示了為不同社會地位的人設計的墓室。唐宋時期確立了一套陪葬俑群制度，根據逝者的等級來規範個別墓室中俑群的數量、類型和排列。所有四種佈局都將棺木置於中心，被由十二地支組成的長方形框架包圍。皇帝的墓室包括173件俑，代表36個官職和五個王妃等級。這些類型的編制在平民墓穴的設計中都找不到，他們的墓室只有家畜和少量的俑作陪葬。

為了與十二地支和十天干的次序相對應，《秘葬經》詳細描述了每件俑的擺放位置，這些圖表說明了各陶俑位置的重要性。靠近棺的俑代表宮廷的各個部門，而排列在中央通道上的俑則代表文武官員。這種安排也可以追溯到《禮記》中的《明堂位》一章，該章顯示禮儀參與者之間親疏、等級、尊卑等社會倫理關係。通過比較《禮記》中明堂位的佈置和中世紀中國地下墓室的排列，兩種場合的框架是相通的。

與冠文兄相識有年，其上一本作品《古都巡遊　好風如水》深入淺出探討中國八大古都風水佈局之餘亦不忘具體考證，讓風水之學變為學術界研討的課題，殊為不易。而其新書《古都巡遊　好風如水2》則再下一城，嘗試為傳統風水賦予現代意義。希望拙文上述觀點能成為冠文兄新書中有關鎮墓獸段落的註腳。

目錄

前言

住宅是縮小了的城市，城市是放大了的住宅。

The city is like a great house, and the house in its turn a small city.

阿伯堤（Leon Battista Alberti）
意大利建築師、詩人、哲學家

2023年5月，乘前作《古都巡遊　好風如水》餘緒，假香港大學莊月明物理樓舉行了一場講座，講者包括中國科學院的馮錦榮教授、香港大學建築系的王維仁教授和筆者本人，主題是「從古都選址看風水格局與王權文化」，馮教授和王教授分別從考古和建築角度解釋風水源流，筆者則談古都建設的風水。講座最後的問答環節，主持李安女士問筆者，古都的主人都是皇帝，可我們不過一介平民，古都的風水跟我們有關嗎？

筆者簡略回應後，覺得這個問題很有意思，時代不同了，老祖宗的智慧放諸今日社會，是否還適用？應該怎樣理解和傳遞？於是開始構思寫這本書，作為前作的延伸，也為傳統風水嘗試賦予現代意義。

前作中提及，歷史上八大古都從來不止是一組組讓人遮風擋雨的硬件建築，它的選址和佈局上儼如一本無字地書，中間繼承著包括天文地理、儒家和天命史觀的多重文化積澱，是過去皇帝創造於地表的人文景觀。本書就嘗試從現代住宅的角度，解讀其中書單，有什麼古都的原則可以合理延伸到今天。

誠然，兩者在最基本的層面——宮城和民居的主人身份上——存在著巨大的落差。當住宅的主人是皇帝時，建設的是宮城，確立的是王權。疑古派史學家顧頡剛說出了政治現實：「學術性的東西是皇帝所不需要的，一定要插入對於皇帝有利的東西方能借得政治上的力量。」[01]

我們熟悉的紫禁城，正正繼承了中國王朝語言的傳統。憑藉掌控天下的話語權，皇帝築城不受任何限制，包括在選址上、佈局上、裝潢上注入展示王權的文化符號，中軸線、九開間、前朝後寢、左祖右社等刻意直觀式的鋪排，組成一套帝王邏輯，流風所至，積澱為患，叫你不得不服膺和敬畏，「其設計的指導思想，就是要突出表現帝王至高無上的絕對權威，達到鞏固王權統治的目的。」[02]

至於一般民居，你多富有也好，王權的色彩（尤其在古代）必須完全抹去，好好安分守己，除非你得到像乾隆之於和珅的包庇，對大宅逾制睜一眼閉一眼，否則就會被視為「逆臣」，賜以可殺頭的僭越罪。在統治和禮制層面而言，宮城和民居無法相提並論。然而，兩者的擇居條件是否就全無兼容之處？恐怕又未必。

宜居之地不分帝王與平民

在居住的層面，宮城和民居卻有另一種關係。儘管宮城的選址和佈局是一種複雜的宇宙圖式，但一點不離地，風水用於宮城，不代表一些基本原則不能應用於尋常民居。中國一直沿襲一套化家為國的觀念，權力由一家一姓把持，宮城既是皇帝治下邦國的表

01　顧頡剛著：《秦漢的方士與儒生》，群聯出版社，1955 年，第 9 頁。

02　于倬云著：《中國宮殿建築論文集——中國宮殿建築藝術》，紫禁城出版社，2000 年 12 月，第 142 頁。

徵，也是皇帝躬居的家園。筆者多次強調，風水的初念到終極原則，只是如何適應大自然規律來尋找宜居之地，這點不管身份是帝王或平民並無二致。

東漢劉熙《釋名》稱：「宅，擇也。擇吉處而營之也。」平時說的選擇，原來就是選宅。出於人類求生本能，居所必然選在宜居之地興建。風水是早期人類對自然環境的反應，那中國的大自然環境有什麼特色？其一是山和水特多。巨大山脈如喜馬拉雅山、崑崙山、唐古拉山、天山、太行山、秦嶺等多達十條，主要分佈在中國西面和北面；而山脈之間也發源出眾多大型和中型河流，據統計多達45,000多條（小河流更不計其數），風水作為應對環境的生存之道，山勢、水法理論應運而生。到王朝制度確立，身為天下共主的統治者，便將這套強調自利和安穩的理論據為己有，用於都城選址和佈局，是為風水之大用，強調「夫地理之大，莫先於建國立都」（《地理人子須知》）。

但是，中國的山和水並非統治者專用，由之孕育而來的風水既為建都考量，也可施之於民間。風水講龍脈，講格局，大至國都固然要多加參詳，小至一屋一宅亦然。唐代《撼龍經》稱：「大為都邑帝王州，小為郡縣君公侯」；明朝《地理人子須知》續謂：「大聚為都會，中聚為大郡，小聚為鄉村、陽宅及富貴陰地（即墳墓）」，反映宮城和民居要求一致，從大格局中按次而下，尋找宜居之地。

例如為配合中國的氣候地貌，歷來宮城方位幾乎都是坐北向南（僅南宋臨安城例外），才得享冬暖夏涼。而北京的四合院也是同一取向，到香港我們也常說「千金難買向南樓」，甚至本港天文台網頁也有談天氣風水，用氣象學角度解釋向南的好處。風水的本義植根於人的本性之中，出於一種純個人感受，我們毋須上調到哲學或者帝王學層面，皇城與民居欲求一致，只是規模有別而已。

大自然和人的對話

人要生存，必須要和大自然共存，但兩者地位並不對等，喜怒無常的大自然一說不，人便要遭受無情的驅逐——洪水、旱災、狂風暴雨、雷電交加，卑微的人類沒有討價還價能力。心裡越恐懼，越渴望穩定和秩序。為了生存，只好嘗試順應大自然運作的規律，想方設法，收集許多不同個案，觀察、比較、思考，然後作出結論。所有事物都有常規和秩序，風水理論就是古代的研究成果，是一種集體智慧和群眾經驗的累積，類似今天所講的大數據下的產物。跟大自然關係密切的風水，等如是中國大自然數據的調研報告，五行中指北方寒冷，南方溫暖，西方主肅殺，東方利生長，我們將之融合中國地理氣候，馬上心領神會。

而且中國的皇帝和平民，彼此分享著相同的族群精神和人文個性，基因一脈相承，詮釋術數符號的內涵一致，沒有文化差異問題；而且處於同一疆域，更不存在同一座崑崙山，一在中國西北，一在印度東北的山川方位落差，地理標識相同，兼融風水原則毫不違和，只要稍作調整，完全存在共融空間。

從宮廷到民間

萌芽期

日本學者內藤湖南在二十世紀提出著名的「唐宋變革論」，他認為唐宋之際是中國中古史的結束，近世史的開端。中國建築學者傅熹年亦稱唐宋是「中古都城向近古都城演變的一個轉折點」[03]。

03 傅熹年著，盧嘉錫總主編：《中國科學技術史：建築篇》，北京科學出版社，2008 年，第 350 頁。

風水的發展恰巧亦然——從在朝文化延伸成在野文化。唐代以前，熟悉天文曆法以至術數的能人異士只在朝廷司天台（後代稱欽天監）任職，相關文字記錄亦只僅供國家記錄和參照，民間無法得窺。原因不難理解，風水關乎自身利益，當中也有相當厭勝成分，更關乎中軸線等宣示正統地位的天命元素，是王權的象徵，不容分沾，必然一己獨攬，後來出現制度更替和政治變局，情況才逐步逆轉。隋唐開科取士，以儒家經典作為考試題目，《周易》與《尚書》、《詩經》、《禮記》和《春秋》並列五經之一，熱衷功名的讀書人，為應付科舉考試，開始對術數源頭——《易經》多作研究。有了易學基礎，學習風水容易得心應手，讀書人視之為與琴棋書畫相同檔次的風雅修養。影響所及，當時風水大師輩出，楊筠松、張遂、曾文辿、李淳風、袁天罡等互爭雄長，並各有名著傳世；堪輿作為風水的代名詞也是唐代以後的事，許慎《說文解字注》：「堪，天道；輿，地道。」簡單來說，堪輿就是天地間的道理，由純具象的自然描述（風和水），正式提升到理論層面。

政治上，唐朝中葉以後，發生黃巢之亂，建制逐步破局，據《南安府志》記載，原本掌「靈台地理事」的光祿大夫楊筠松逃離宮城長安，到江西安頓，向曾文辿及劉江東等人傳授地理之術。楊筠松等人由朝廷命官搖身一變，成為「公共知識分子」，自此風水從宮廷流落民間，開始流傳，派別漸多，竟至其時已經有「百二十家渺無訣」之歎。經歷五代十國後，到宋代，民間風水逐漸大盛。

蓬勃期

經歷唐代醞釀，到宋代民間風水蔚然成風，與唐代最大的分別，前者視風水為副業，或只是文人間的一種談資，後者則是一種專業，討生活之資本。北宋熙寧朝宰相王安石估計，當時執業的風水師有近萬人，在《清明上河圖》一景中，有掛起寫上「神課」、「看命」、「決疑」的直幡，大街大巷給人算起命來。原因之一，是自唐代開科取士後，士人競相投身科場考取功名，不過僧多粥少，落第者反正有易學基礎，不少改靠算命謀生，碰巧社會需求正殷，讀書人不愁出路，紛紛以風水師自居。一直發展下去，儘管經歷改朝換代，到明清時候，民間看風水的風氣越演越烈，各種理論耳口相傳，尤其對龍脈等說深信不疑，據當時來華的傳教士利瑪竇(Matteo Ricci，1552-1610)的觀察：「選擇修建公共建築或私宅的地點以及埋葬死人的地點時，他們是按照據說地下的特殊龍頭或龍尾或龍爪來研究地址的。他們相信不僅本身，而且全城、全省和全國的運道好壞全要看這些地域性的龍而定。」[04]

看風水不單成為全民共識，更是官僚抗衡西方帝國主義入侵的手段（詳見後說）。到清末帝制崩坍，對風水的最大影響，並非歸於沉寂，而是令其學理更難定於一尊，再無官方制約下，流播程度更甚，風水的派別也百花齊放，各師其說，演變成今日面貌。

簡單交代過自唐朝以後民間風水的發展，便知道今日有人熱衷看風水，不過是沿襲過去的人文基因，本書將以往屬於宮城的風水原則應用於民居，也只是延續傳統而已。

04 利瑪竇（Matteo Ricci）、金尼閣（Nicolas Trigault）著，何高濟、王遵仲、李申譯：《利瑪竇中國札記》，廣西師範大學出版社，2001年，第63頁。

四神塑造置中觀念

從宮城到民間，風水上存在著怎樣合乎邏輯的演化，是筆者在本書中必須梳理和表達的題旨。舉一個例子，不管懂不懂風水，信不信風水的人，對青龍白虎朱雀玄武等術語總不會陌生，四者為四神或四靈。前作提及中國八大古都建設強調大局觀，擇地必須四神俱全，除了出於拱衛需要，杜絕外界窺伺外，最重要一點，四神代表的東南西北四方，所圍繞而成的空間確立了「中」的存在。「中」具有中央和核心的意味，代表著權力的象徵，對中國古代集權制國家而言，這點尤其重要，天下共主，必然居中而立，得四神包圍才能製造這個「置中」條件。早在距今4,300年前，當時王者已經躬自進行「圭表測影」，通過「圭尺」來找尋「地中」，以對應天之中軸，馮錦榮教授稱之為：「集天文觀象、授時功能與惟王建制於一身之禮儀性活動的王者禮器」（見前作第三頁）。從國家的層面，這點不難理解，那普通人是否不必理會？答案當然是不。從個人的層面，「置中」同樣重要。「中」是一種觀察東西南北的視點，是本體，是自我[05]。不管置身任何環境，每個人必然從自身角度審視四周，衡量自己與環境的關係，找出自己的需求，而英文news（消息）的字源，一說就是位處中心，收集來自東西南北的事情，由此判斷自身狀況，如何作出應對——例如對居住環境的訴求。

無論陰宅陽宅，風水立穴有一個術語名為「天心十道」，就是以前後左右四個方位的山為對稱座標，劃出一個十字，那個十字中間的交滙點，即立穴所在。所以，若然四神不全或者完全欠缺，格局不當，穴即不能定，本體和自我位置也無從確立，感覺若有所失，這也是為什麼北宋定都一馬平川的汴京後，宋太祖趙匡胤惴惴難

05　梁二平著：《誰在世界的中央》，三聯書店（香港）有限公司，2016年1月，第3頁。

安，需派重兵30萬連營設衛，駐守京師一帶。放之於民居，人同此心，始終期待四神俱在，好寄託安穩。

下一步，我們進而審視人與建築物的關係。按諸中國人的宇宙觀，建築物本身是人與自然之間一個中介物。人仰觀天地，經營宅居環境，建構建築物作為順應自然規律的載體，因此了解建築物的形制，等如了解大自然的形態。人因宅而立，宅亦因人而存，兩者存在微妙的共生關係。房屋灌注了人的主觀意識和期望，宮城和民居在本質上並無分別，唯順應自然得以宜居而已。建築師說風水是「認知建築最合適地點的時空規律，地理景觀的評價體系」[06]。

於古有據

有別於一般只導以化解之道，筆者希望能從歷史和文化層面解讀風水源流和應用的根據，讓大眾知其然，也知其所以然，提供一份有助提高風水信用評級的信貸報告。

今天風水師稱開門見窗，直視屋外景物為「穿」，認為不能聚氣，容易漏財，甚至災病連連云云，化解之道有說在玄關位豎一屏風遮擋，又或落簾遮光等等。然而，只有建議，解釋欠奉，容易言者諄諄，聽者藐藐。它有舊例可循嗎？它有歷史沿革嗎？若有，又如何引伸而來？

筆者以為，考諸歷史，講求聚氣的原則在北魏洛陽城和明清紫禁城早有先例，各座城門之間不會直通，寧願增加工序和犧牲效率，總要左拐右轉才能抵達，背後的考量即在於不喜穿。穿則易洩，

06 蒲肖依著：《建築裡的中國》，三聯書店（香港）有限公司，2019年4月，第229頁。

氣便不能聚，有違藏風聚水的原則，甚至城內河流也要九曲十三彎，目的相同。宏觀在宮城，微觀在民戶，分別在於規模而已。

而其實，這裡還涉及一種更深層的意義——出於中國人偏向內斂，注重隱私的個性，表現在生活環境之上，選擇了開門不見門，開門不見窗的建築形制。1934年，中國著名建築師、建築史學家梁思成來到浙江，考察武義樊嶺腳村民居時，有感而發說：「建築總是滲透著民族精神。」風水與中式建築關係密切，它的一些認知，是連串載負著中國文化意識的符號。風水到底是以人為本的學問，而人的共同訴求，就是尋找一片宜居之地，不管歷經多少年，這訴求一仍舊貫。風水理論累積了先民智慧、前賢心血，也蘊藏古代天文地理、儒釋道內容，經歷時間的洗禮，有沉厚的積澱和反覆的勘誤，才能流傳到今天。風水，就是在簡單的訴求中蘊藏複雜的原理，具有探討的價值。

正正在於這樣的歷史背景，令風水有別於天馬行空的藝術創作，它可以與時並進，但不容許顛覆和革命，一些純屬個人臆猜的建議，既於古無據，亦欠合理推論基礎，就應該受到質疑，不能因為術者有如簧巧舌或知名度高就得以倖免。為什麼只要信，不要問？

至於讀者將本書視作風水文化探索或選宅靈感，其實都不重要。重要在一直以來，不要問、只要信的風氣應該要改變，若然經得起論證，何須避忌？

好了，我們現就回顧過去，用今人思維連接遠古初心，談風水的現代詮釋。

何處尋龍藏，停橈聽梵音。
中流一塔影，遠樹萬家陰。

——唐順之《題金山寺與僧惠傑》

第一章

選址

信風水的人看風水，那風水應該何時看？

據筆者觀察，通常不外以下兩種情況：一，剛搬了新屋，還未入住，找風水師來指點指點，告知自己的要求，最常見有希望一家人身體健康，工作順順利利，未結婚的早日找到理想對象，結了婚的早日生兒育女等等等等，為此應該如何裝修髹色和擺放傢俱；二，已經住下一段時間，發現近來諸事不順，家人或自己身體不舒服，投資頭頭碰著黑，事業出現阻滯，求子女肚皮又不爭氣，總是漲不起來，堅信有小人當道等等等等，應該如何化解化解。

繼續前作思路，關於上述問題，我們不妨先做點考證才解答。

周朝洛邑

歷史上最早有關看風水相宅的記載，一般認為出自《周書·召誥》：「惟太保先周公相宅，……太保朝至於洛，卜宅，厥既得卜，則經營。」

話說周成王決定遷都，太保召公來到洛邑，開始為營建都城進行測量工作，確認具體位置。從清朝人所繪的《太保相宅圖》中，可以見到有人拿著竹桿丈量，有人正彎腰俯視一個圓盤，相信是稱為水中羅盤的測量方位器物，屬早期羅盤的一種。圖中背後有山，前面有水，認為是吉地，最後決定遷都於洛。

◉《太保相宅圖》(出自清《欽定書經圖說》)

上述記載,有幾點可作備忘:一,是遷都前先勘查選址,並非遷都後才作彌補。一國之都,代表一個國家的體面和象徵,選擇天下之中,作為王權的彰顯;同時是一個行政中心,發施號令管治全國,茲事體大,所以選址極其慎重。二,強調準確方位,並非所有方位都合用。天上四維,地下四方,現存遺址發現,早在夏朝時代,已經大致確立坐北向南的宮城佈局原則。三,人對棲息地有嚴格要求,宮城選址,必須配合自然環境,順天應人。根據中國的地理氣候,作出最理想的安排,依山望水,坐高朝低。

周朝時,甚至專設主司相地的官員,稱之為「量人」,《周禮·夏官》稱:「掌建國之法,以分國為九州,營國城郭,營後宮,量市朝道巷門渠,造都邑亦如之」,職負重大,儼如國家決策機構要員,反映當時如何重視丈量之術。自周朝以後,建都前擇地選址的做法一直傳承,有時礙於政治現實和經濟條件限制,被迫沿用前朝都城遺址,但始終不是主流,只要力所能及,新任統治者都會調動全國之力,從頭建立宮城以樹立新威,告訴天下人他有最終話語權。

隋唐長安城

《隋書》記載,開皇二年(582年),隋文帝有見於長安城自西周及秦漢定為宮城以來,經歷多次改朝換代,飽受兵燹戰亂,建設損毀嚴重,地下水亦受污染,不能飲用,於是命令宇文愷等人另覓新地建城。宇文愷參考過往歷代宮城建設,經過詳細規劃,選址在龍首原南麓,在灃河和灞河之間一片廣闊土地上興建大興城,並以長安六條高崗作為乾卦六爻象徵,安置宮城、皇城和坊市,短短一年間建好。唐朝滅隋後,在原址上再行擴建,並復長安城之名。

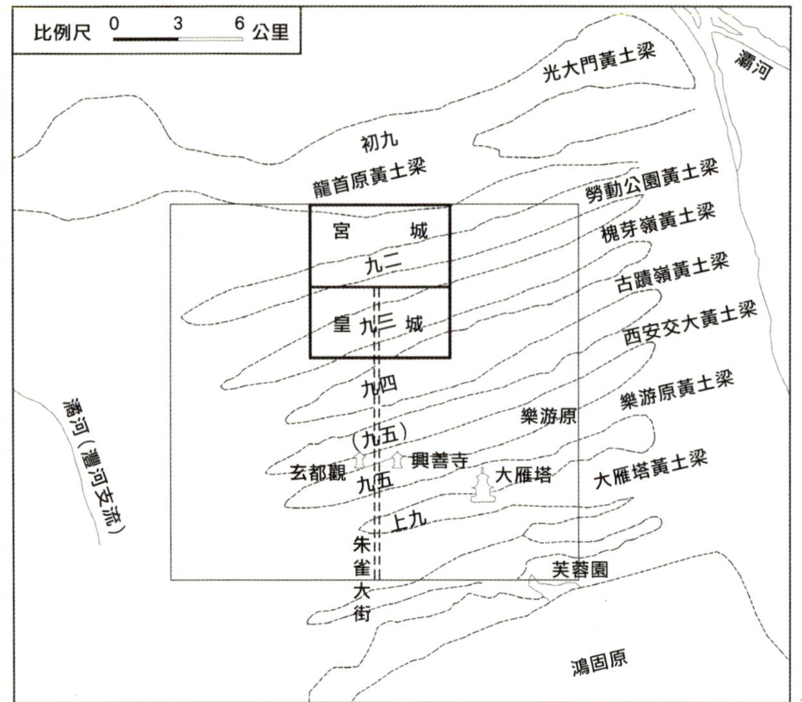

◉ 大興城六爻圖

長安城被視為古代宮城的典範，上繼曹魏鄴城的中軸線設計，令宮城具有莊嚴、克制、不容挑戰的特點，充滿秩序感，使王權得以充分展現。其建築形制得到後代統治者一致認同，以後宋元明清的宮城佈局亦同樣用心。

隋唐長安城受到高度評價，原因之一，在於宮城經過重新規劃和建造，方位和佈局隨心所欲，將皇帝才堪擔當的家天下意識表露無遺，有別於後世北宋汴京城和南宋臨安城等受制於前朝遺址的局面，明知有所缺失也只能移船就磡，修修補補，效果亦當然大打折扣。

明朝紫禁城

據《明太祖實錄》記載，永樂五年（1407年），徐皇后病故，明成祖欲在北京建陵。出身江西的廖均卿是當時名重一時的風水師，同年十二月奉詔從家鄉動身，到翌年正月二十四日才到達北京，比正常步程足足多花了近一個月時間。原來廖均卿沿途走遍名山大川，尋龍點穴，察看了京西的燕台驛、玉泉山、潭柘寺、香山，及昌平的黃土山，還有京北的陽山，懷柔的洪羅山、百葉山等十幾個地方，又對比了南京孝陵的風水，選址事先經過詳細考量，最後才決定把皇陵建在昌平的黃土山，地憑人貴，後來明成祖正式賜名為天壽山。明朝共有十四位皇帝，十三位長眠於此，因此天壽山就是我們熟悉的十三陵。

至於紫禁城的選址，也有類似記載，宮城皇陵一般看待。

風水在宋代民間大盛

宮城如是，民間又如何？

正如在前言中所述，風水在唐末之際傳入民間，到宋代開始大行其道，普及的程度甚至比今天猶有過之，流行專業相墓相宅，每逢殮葬，不管是私人葬地，或者私家功德墳寺，也請風水師勘查擇時；官學學舍、民辦書院，以及舉行地方考試的貢院，請人擇地奠基；以至官方衙門或建在城門上的譙樓，和道外的宗教建築如寺廟道觀，必定請人先擇風水寶地，私人宅第更必與風水掛鈎，「相信宋代士大夫、地主、富商在建宅第時，為求仕途平順或家道興隆，以風水擇宅第的情形應屬常見」[01]。官做得越大，越信風水，中國歷史上「聲名顯赫」的秦檜，擔任宰相時，有術者稱臨安朝天門東望仙橋風水極佳，秦檜向高宗請賜第其處，高宗亦如其請。

01 劉祥光著：〈宋代風水文化的擴展〉，《台大歷史學報》第 45 期，2010 年 6 月，第 33 頁。

請留意，不論任何形式建築，宮城或民居，也不管任何身份，皇帝、宰相、平民和僧人，一直以來，都是在入伙前看風水，沒有在入伙後才作勘宅，進行風水改動。

尋龍點穴

上述見諸於歷史文獻的幾個例子，用一個充滿風水色彩的字眼最能充分解釋——尋龍點穴。顧名思義，尋龍，是尋找龍脈；點穴，點出龍脈上的真穴。這些功夫用於擇地，然後建屋。分別只在皇帝建的是宮城，平民建的是民居。然而一些基本通則不變。

先要看形勢，尋龍脈。草蛇灰線，伏脈千里，試想像，在連綿深山和湖泊之中觀脈找穴，實在是一份苦差，那時候的風水師，沒有Google 街景圖，也沒有航拍照片，為了尋龍點穴，攀山涉水，奔波於群山層巒之間，「三年尋龍，十年點穴」。箇中苦況，從一些經典的風水典籍名稱中已透露了端倪，有接觸風水的人總會聽過看過一系列以青囊命名的風水書籍，例如《青囊經》、《青囊序》、《青囊奧語》等。青囊，有兩層意思，一是出於《晉書·郭璞傳》，說風水祖師爺郭璞追隨的老師，「公以青囊中書九卷與之」，於是郭璞便學懂了五行、天文等術，攘災轉禍，故後世將青囊作為風水的代名詞；一是指青黑色的布袋，通常是術數家背負書籍和卜具之用，有時還有放食水和一些乾糧。為找一個吉穴，隨時餐風宿露，僕僕風塵，後來青囊也引申成為風水術的俗稱。追蹤千里來龍，到頭結穴，從來不會在宮城蓋好後，皇上大駕移居才發生。

好不容易點穴後，還不能用，尚要測量地氣，挖一個一尺二寸見方的坑，將挖出的泥土填回，翌日視鬆土拱起與否，拱起才可用；又取體積一立方寸土樣，須重九兩以上始為吉，土地重量若然不及格，又得花一番功夫重新尋龍點穴，無限輪迴。確定合用後，還要由風水師根據當時元運起盤，尋找最佳坐向，配合消砂納水、定針開線，並選定吉日動土才進行興建。

步驟夠繁複沒有？是術師要給自己添麻煩嗎？所以這樣，是因為一旦建築物落成，萬事大吉尚好，如果出了狀況，除非拆掉重建，不然只能小修小補，作用有限，術師縱有通天本領，也難扭轉乾坤，所以不想做壞招牌，害己害人，寧願事先做足功夫，一勞永逸。

換個角度來說，事前看風水，就擁有超前部署的優勢，及早預判事情的發生，兼顧大局和細節，互相呼應。風水上，有所謂城門，亦即大門以外另一氣口，運用之法，需要屋外環境配合，城門外若有高樓遮擋或入口閉塞，開門亦無用；城門內另需考量飛星方位，吉星到才可用。凡此種種，皆要建屋前一早部署，內外統理，不然後天只能看運數，餘例可知。因此，要催吉，諸如添丁、讀書等在有關方位用事；要避凶，諸如病符、官非等在有關方位退避，都是小心考衡規劃，避重就輕，才可達到滿意成效。

事前看風水，是過去千百年來的操作程序和法則，證明行之有效，才能一直留存至今。所以何時看風水，關係重大。

三不難題

我們要明白，看風水是一個由宏觀到微觀，由顯至隱的一系列過程，若只看大局，往往失之粗疏，找不到細節中的魔鬼；若只看門向，缺乏宏觀視野，又容易因小失大，見樹不見林。所以，大局和小節最好兩相兼顧，否則，以為入伙後才看風水，至少有三大難題難以解決。

(1) 大局不能改

筆者在前作中強調，風水涉及大局觀，周遭形勢影響巨大，在國都選址上，四神的或全或缺，決定一個國家國運，因此歷來的風水著作多談大局，著眼於風水的大用。例如託名東晉郭璞所著的唐代風水典籍《葬書》，甚至提出佈局的具體距離，「千尺為勢，百尺為形」，在這個形勢下的龍砂水穴，視作擇居的基本因素，大局吉，才可以談細節；大局不吉，細節縱好也難有作為。否則，術家也不用背負青囊，千山走遍，勘察巒頭脈絡，尋龍點穴，就只為從大局著手，我們又豈能小覷？大局考慮欠周詳，只朝著屋型屋向埋手，無異本末倒置，輕重不分，清代《陽宅十書》稱：「若大形不善，總內形得法，終不全吉」，就是這個意思。

而就大局而言，大自然有其普遍的規律，稱之為「天道」。《葬經翼》稱：「山川自然之情，造化之妙，非人力所能為。」想像一下，若周遭的環境，東面是個禿頭山，怪石嶙峋；西面海灣一望無際，水大無收；南面來路直衝，殺氣騰騰；北面一片低窪地，經常水浸。類似例子，香港所在多有，毋須筆者舉隅。當山水各有不能改變的缺點，處身這樣的環境，我們一介平民，可以怎樣作出改變？就算是古代的皇帝，有移山填海的氣魄和國力，強如秦始皇輾平驪山建秦王墓，朱元璋填塞燕雀湖起南京城，也因為強行人工施為，扭曲了大自然的造化，不見得有好下場；更不要說精衛填海、愚公移山這些脫離現實的寓言故事。

在大局環境不確定下，貿然遷入，若吉尚算祖上保佑，若凶只有無奈接受，請來一眾風水祖師爺也束手無策，那又何必要置身於俯仰由人的被動境地？

⑵ 來路不能改

由大局縮窄範圍，到屋前的來路，也是另一個令人一籌莫展的變數。這裡的來路，並非指《玄空秘旨》中稱：「未知來路，焉知入路」，立極後根據山向而起的飛星盤，而是實實在在人行進屋的路。跟古代的居住類型不同，一般人多數並非住在院落式平房，而是多層式大廈（apartment）。前者門前多是空地，能從不同來路走來，後者則由住屋的形制決定了來路。來路是來氣所在，重要性不下於大門。從哪個方位走到門口，風水上也要仔細考量，並非單以門向決定一切。

以香港為例，舊式公共屋邨常見井字設計（至今仍存），住戶分佈在四方環迴走廊之上，大門面朝空曠天井，來路都在兩旁，令飛星盤向上兩旁宮位的重要性大大提高，門向飛星反而變得次要。除非你是蜘蛛俠，能夠凌空飛躍到門前，否則必須途經左右通道，所以來路完全不能改；至於其他類型單位，通常也只是一條電梯路和一條樓梯路通往門前，來路的選擇也極有限，又是神仙難變的局面。而且還要考量大廈面前來路，是否「來者不善」，例如一條馬路直衝而至，長期面對汽車燈光滋擾，造成光害，甚至更嚴重者，汽車會否收掣不及，導致屋毀人亡，時時刻刻對你構成心理障礙。對於這些來路影響，你完全無能為力。

(3) 門向不能改

這點最容易明白。現時流行的九宮飛星，要起一個飛星盤，須定立坐向。通常以門為向，配合當元運星，由是定出九宮飛躔星位。常稱一間屋的好壞，由門（大門）、主（主人房）和灶（廚房）決定，始終由大門方向牽動，故亦以此最為吃緊。有別於外國獨立屋，可以選擇從大門口或車房門口出入，香港絕大部分人居住的多層式單位，只有一個門口，是吉是凶全看運數。

若大門立向不吉，坊間有風水師會教人把門扭歪（約3度至7度不等），認為如此可取另一門向，再起另一個吉向的飛星盤就萬事大吉。惟這種做法換湯不換藥，畢竟來路不變，氣口方位不變，本質依然存在，而且有違自然，過於造作，扭轉門向不足以起死回生，徒具形式的方法僅令心理好過，實際效用不大。

撇除門向，入屋後間隔也不能大改，屋內幾堵主力牆碰不得，勉強可以封幾隻門，另開新門，髹上合用顏色，湊合傢俱款式設計而已。

好了，你認為在極有限的迴旋空間下，不斷被動地單憑音樂盒、紫水晶、風鈴、文昌竹，或者改大門牆壁顏色是否足以扭轉大局，這是上流思維或是下流思維？不幸有頑疾的話，也不是吃幾顆維他命丸就能藥到病除。

Haute couture 及其他

三不難題，題題難過，亦非人力所能勉為，所以至少盡可能在入住之前，按自身要求（雖然不外乎丁財貴壽），先找風水師看看，新居是否合乎格局要求，才決定遷入或否。情況就像高級服裝品牌有haute couture（高級訂製）服務，儘管索價不菲，一些付得起又願意付錢的人，為了在隆重場合吸引眼球，依然樂意惠顧；又為什麼有人願意付出比常價高出數以倍計的價錢，買一副全人手製的眼鏡框或者皮鞋？答案不外乎四個字——度身訂造。除了一身優越感、榮譽感以外，haute couture確保衣服的剪裁完全合身，能為穿者揚善藏拙；訂製眼鏡完美地配合個人面部特徵，符合特殊愛好；高價皮鞋提供完美的舒適度和貼合度，令人稱心滿意。還有其他例如傢俬、音響，甚至手機殼等數之不盡的例子，總之能夠一一滿足個人需要，關鍵在於事先配合。風水在入伙前看，才有度身訂造的條件，餘者無論。

【延伸閱讀】

風水的前世今生

晚清大臣李鴻章說：近代中國面對「三千年未有之大變局」，提醒國人時代不同了，過去的一套不管用。這位自稱為裱糊匠的話，用來裱糊風水狀況亦然。

本章提到，過去看風水要事先尋龍點穴，才建屋入伙，現時土地緊絀，屋少人多，的確難以照做，需要將舊有一套作出調整。事實是，隨著近代西方工業革命的興起，到近年的數碼年代，大大改變了我們的生活模式。清末以前，中國政治上雖然經歷改朝換代，然而社會運作方式僅以龜速轉型，整體上維持原貌，還是那樣的春生夏長、秋收冬藏，保留著人力躬耕的農村文化。儘管風水的理論部分隨時日多了一點深化和鉤玄，然而看風水的形式也是照舊尋龍點穴，用羅盤指點休咎；然而自工業革命後，社會運作形式出現翻天覆地的變化，近一百年的改變，比過去三千年還要大，機械取代人力，資本主義淩駕農業經濟，風水自然也沒法獨善其身，抗拒洪流，必須在概念上操作上作出調整。

陰宅重要性不再

過去，風水師為尋找理想居停，攀山涉水，尋龍點穴，不過面對時下高度城市化的環境，陽宅也難尋藏身之所，更遑論陰宅了。

古代人相信「遺體受蔭感應說」，意思是葬乘生氣，先人後人之間能夠相互感應。早在先秦時期，已經流行「鬼福及人」觀念，先人能葬於旺地，本骸得氣，遺體受蔭，只要儀式合禮，勤加拜祭，便能保佑子孫後代事事順遂，家宅平安。所以古代一直奉行土葬，加上其時土地使用量不高，周遭自然環境可用空間尚多，有足夠條件讓先人入土為安。

今天情況截然不同，由於老生常談的「土地問題」，喪葬文化也有所改變。佔地面積大的土葬（儘管也只是方尺之地）不合時代要求，若果並非永久土葬，最多七年便要為先人「起骨」，將之放進金塔，或燒成灰燼後放入骨灰龕，然後找骨灰位又是另一番折騰。總之，土葬的墓地不復當年，「遺體受蔭感應說」亦無從說起。時下甚至鼓吹綠色殮葬，在指定花園或者海上撒灰，連骨灰也土歸土，海歸海，隨處散落大自然，更無生氣可乘，縱有人相信「遺體受蔭感應說」也只好作罷，那位苦讀《葬經》的風水師，縱有一身好本領，又何來用武之地？恐怕轉研骨灰龕位方位，或者骨灰分量吉凶更實際。

羅盤重要性不再

看風水經常用到的羅盤（又稱羅庚），也面臨著下崗困境。

先扼要說明一下。風水著重坐向方位，若欠缺精算勘測，根本無從佈局，推斷吉凶。羅盤正是用作勘測磁場的工具，定出方向角度。羅盤的構成，中央名為天池，下面有一支磁針，天池以外，由一系列代表連串宇宙信息的符號以同心圓方式組成，分為內盤和外盤，包括天上的三垣廿八宿、地上五行，以及天干地支八卦廿四山，最多多達六十四層。不同派別的羅盤組成元素稍有不同，現時坊間以「三元盤」和「三合盤」較為通行。

不過簡單而言，羅盤就是指南針。物理小知識，以金屬構成的指南針容易受到四周磁場影響，若附近有鐵器物料，便會造成干擾，令指南針不斷顫動，難以量度出準確方位。學過風水的人都知道，有時差之一兩度毫釐，謬之有珠寶有火坑的千里，出現兼線、兼出卦尚算等閒，若要起另一個飛星盤，吉凶可以判若雲泥。過去農耕社會，房子不論是早期的茅茨土階結構，或者稍後的木柱磚屋，皆不含金屬物質，用羅盤勘測，周遭沒有鐵器影響，所以方位準確，值得依賴，據之起盤，可以放心推斷吉凶。

到今天，除非住在郊外的古老村屋，才有用羅盤的餘地。否則，像絕大部分人居住的高樓大廈，為確保結構穩固，既用鋼柱打樁，又用鋼筋水泥築成，大廈內的電梯、電線，甚至金屬門框，無不干擾著磁場，用羅盤測勘方位，怎拿捏得準？

不要說因為屋內有靈異物，磁針才會亂跳，若然屬實，恐怕現代城市沒哪間屋「乾淨」。羅盤不管用，那怎麼辦？其實，反正只求一個準確方向，怎麼不倚賴現代科技？隨便一幅Google map或一個手機app已經足夠。Google map是衛星圖，從太空鳥瞰地球，跟磁場無關，精準可靠，是科技給風水帶來的簡便。當然，羅盤的作用還不能完全抹煞，它依然是某些人彰顯自己是專業風水師的必備道具。

此外，還有風水整個行頭的改變。過去，古人將醫卜星相山同列，稱之為五術，很多讀書人都有所涉獵。如前言所述，自隋唐科舉制推行後，四書五經屬於考試範圍的syllabus，讀書人為求功名，必須研讀包括術數本源《易經》在內的五經，因此對陰陽五行八卦有基本認識。術數在宋代大行其道，於是大師也談玄，邵康節、朱熹、程顥程頤兄弟是箇中表表。風水命理等術數是許多讀書人的副修科目，讀書人和一般人講風水最大的分別，筆者認為前者固然能在學理上藉著個人知識修養加以發揮，深化這門學科，但有時讀書人又難免頭巾氣重，自矜身份，不肯從俗；反而一般術者沒這種包袱，觸類旁通，加上一點江湖智慧，令風水更入世，為人所用。

不過，筆者認為風水與自然環境關係的改變，更值得人關注。王維仁教授在前作序文結語中提到：「如果我們能以傳統文化對環境與山水的敏鋭，檢討近半個世紀大興土木對風水的破壞，進一步發展成為對自然生態的保育共識，追求人本與自然環境結合、天人合一的建築城市，豈不是這本書和堪輿知識的另一個貢獻？」

王教授從大局觀著眼，衡量現代人對環境的破壞，指出忽略保育的重要性。看風水是為了趨吉避凶，追求個人生活的確幸，無可厚非。然而若果漠視了風水背後意義是對大自然的尊重和保護，為一己私慾而進行破壞，違反了風水的原意，反過來，受害的只是自己。

初極狹，纔通人。復行數十步，豁然開朗。土地平曠，屋舍儼然。

——《桃花源記》

第二章

大局觀

按摩椅 VS 圓凳

想像一下，坐在按摩椅上有什麼感覺？身後有靠枕，有扶手，前面有腳套把你雙足包裹，四周圍攏，讓你放心全身倚靠，是不是人也格外放鬆，根本不想離座？相反，如果坐在周遭空蕩蕩的圓凳之上，常常要挺著身子，坐久了你說累不累人？想安穩安樂，你會選擇一張按摩椅還是一張圓凳？

不論形象上還是實際上，風水上四神的作用就像一張按摩椅，玄武是靠山，左右山巒起伏是青龍白虎，前方遠景又有一座小山朝案，給你多方關顧。難怪過去多疑的統治者，都以四神全作為定都的標準，宋太祖趙匡胤不跟隊，付出了沉重代價。

以周、秦、漢、唐等十三朝古都長安城為例，能夠榮膺古代帝都之首，恃其大局形勢與理想的風水格局呼應，符合一國之都的要求。秦末楚漢相爭之際，項羽和劉邦相約先入關中者為王，就是這個道理。風水上的四神，是由天文延伸到地文的一種演化，由四時到四方，是兩者對應關係的一種概括。從來中國的正統史觀，地天銜環，地上合局，方應天命。

長安山環水抱，兩者兼得。北面是渭北山脈，南面是山勢挺拔的秦嶺諸峰，西起隴坻，只東開一面經渭水出中原，「山脈的意義重在阻隔，而貴在有孔道可以通行，河流的意義在於流通，而貴在達有據點可以扼守。」[01]

而在四面山隘之處，分別闢有蕭關、武關、散關和潼關駐防，所以長安又稱為關中之地。整體格局儼然四神拱衛，挺拔的山巒就像天

01 饒勝文著：《佈局天下：中國古代軍事地理大勢》，解放軍出版社，2006 年 5 月第二版，第 2 頁。

然的高牆，難以逾越。江山得來不易，所以歷來都城選址進不一定可攻，退卻必須可守，長安憑藉得天獨厚的優勢，備受統治者青睞，成為中國古都的代名詞。

◉ 長安

至於另一九朝古都洛陽，大局形勢上亦不遑多讓，四神全而且方位合度，北面有邙山為玄武作靠，西面以秦嶺東麓落脈為青龍，左面中嶽嵩山為白虎，南面以伏牛山為案山，巖巒互蔽，並有伊闕為朱雀，堪稱山河擁戴，枕山蹬河，夠格跟長安競逐中國古都之首大名。

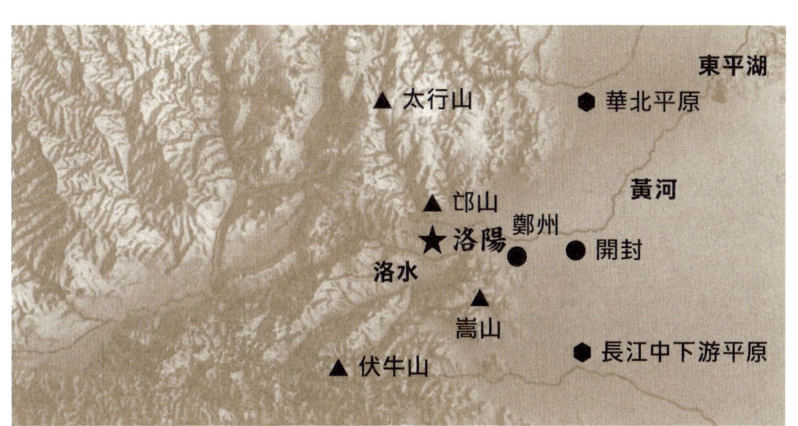

◉ 洛陽

至於我們熟悉的北京紫禁城，同樣四神不缺，三面環山，西面有壁立千仞的太行山一帶，北面及東面得燕山環抱，南面是沼澤地帶，同樣是山重水復的大格局。雖然過去僻處北隅，未應天下之中要求，但於歷史變局下，在中國歷史上第二個一千年中葉後躍升為國都，甚至到今日，地位不但未隨時日稍減，更見與日俱隆。

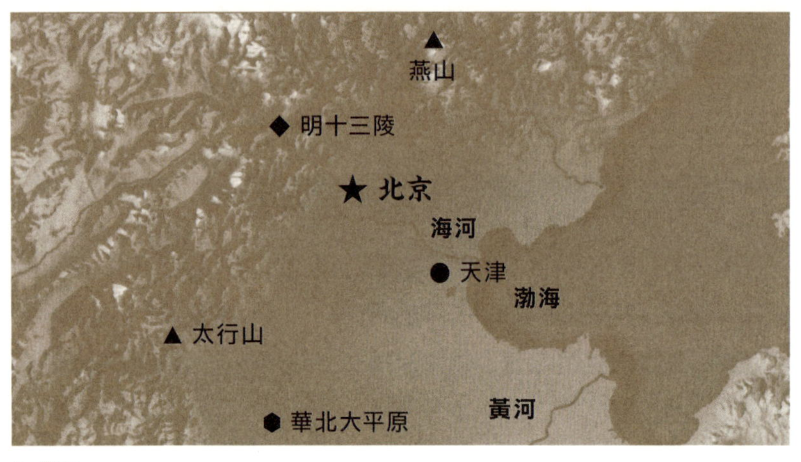

◉ 北京

反面例子有北宋汴京城。宋太祖趙匡胤覬覦江南的經濟繁榮，作出了一個經濟凌駕政治的決定，國都捨近圖遠，東遷至一馬平川的開封汴京，四神皆缺，寧願以人工佈防，派30萬士兵日夜駐守汴京邊陲，背負沉重兵餉，以為金錢能夠買來安全。然而，人力終究不能取代天然險阻，北宋屢遭金人輕易南侵，被迫簽訂澶淵之盟等不平等條約，後來更發生了令北宋覆滅的靖康之變，佈局不符天命，於是也天命難違。

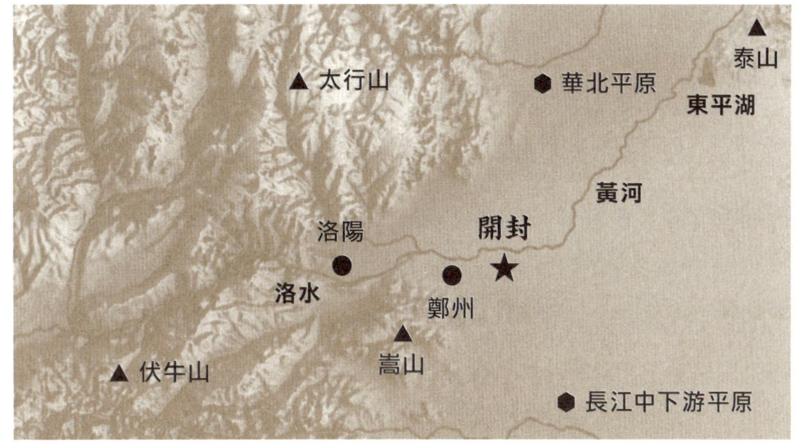

◉ 開封

若我們以為民居並非宮城，不須爭逐天下，要求毋須一致，便將四神全的要求置若罔聞，看法未免流於片面，也罔顧了古人智慧。風水上，一間屋講求四神全的目的既明確亦單一——藏，深深的藏，也就是藏風聚水的體現。在宜居之地的層面上，大局和局部從來等量齊觀。

中央地位淩駕其餘

四神聚合，形成一個中央位置，可以據此觀察東南西北，具有統控大局的視野和地位，而且中央位置代表平衡穩定，對數千年來以農立國的中國來說，更加不能忽視。

上世紀四十年代，中國社會學家費孝通已提出「鄉土中國」的命題，總結歷來的社會發展脈絡，與農業息息相關。農民面朝黃土背朝天，生活所資仰賴泥土所出，尤其害怕天有不測的風雲，「中國超大規模的農業生產，需要超長時間的定居，需要不斷調節社會內部秩序以保持穩定，逐漸形成了追求秩序，穩定執中的文化基因。」[02]

02 全國哲學社會科學工作辦公室編：《從考古看中國》，中華書局（香港）有限公司，2023 年 7 月，第 116 頁。

要實踐這種文化基因，選擇必然並非只割據一方的東、南、西、北，或偏執的四隅方位，而是停留在一種「居中」的狀態，盡量減少不穩定的因素，並且在漫長時間內都不尋求變化，包括對外的擴張。對中國人來說，「中」不再是一個空間象徵，而是一種根深蒂固的修為意識，《中庸》成書於春秋戰國時期，越到後期這意識越發穩固，進而是一種地位的彰顯、心態的優越。也難怪清朝乾隆待慢從英國遠渡而來尋找商機的馬戛爾尼（George Macartney），在中國的皇帝看來，所有外國人都是蕃外之邦，化外之民，不夠格跟中央平起平坐。

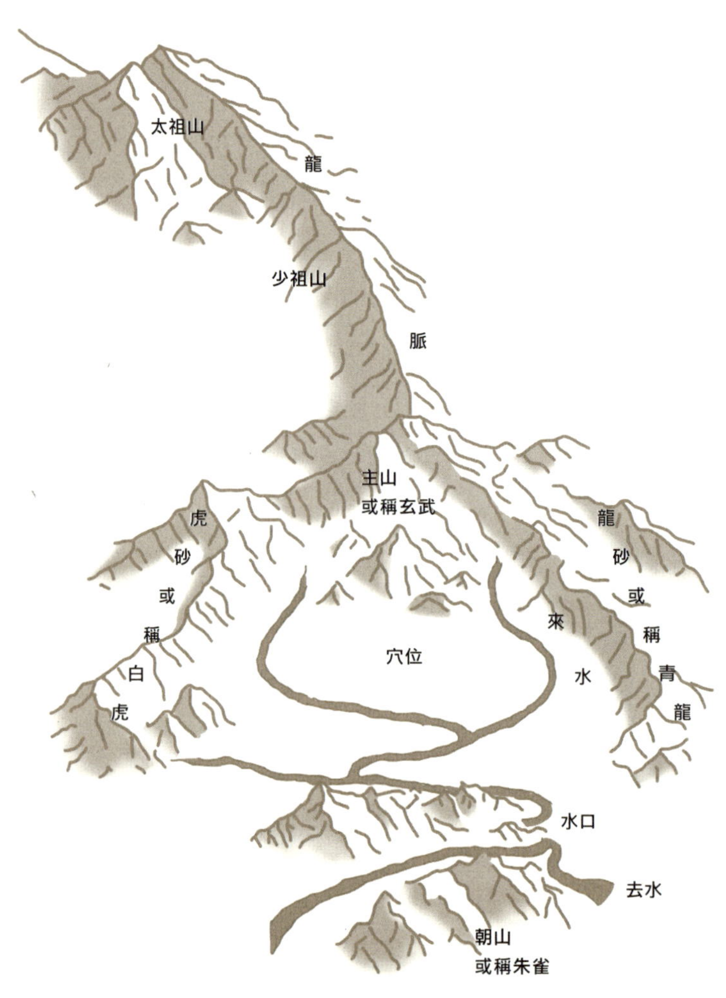

◉ 四神圖

明乎此，四神全是為了突出中央的重要，未明言，是要你心領神會，是為高牆式的示禁。風水作為中國文明的外化，要求四神全，實在合情合理。

事實上，風水的理想格局，是靠山背後最好還有祖山、少祖山；青龍白虎等內砂以外還有一層外砂，前方朱雀案山以外還有朝山，構成多重封閉空間，務求滴水不漏，藏風聚水萬無一失，而且重重環繞，等如重重鞏固和強化中央的位置。著名的《五服圖》就是這種意識的宣示，只不過換了一種表現形式，用服飾說話。

筆畫簡單，看似平平無奇的一個「中」字，蘊藏豐富的內涵，從天命史觀到管治模式，從個人修為到風水法則，盡在其中，絕對不容輕視。學風水的人，都知道有《河圖》、《洛書》，其推演模式都由中宮統馭四方，飛星盤亦然。不了解「中」字，猶如不知本末。清代才子、詩詞文戲俱佳的李漁，有一句名言稱：「學技必先學文。」別以為學習技藝就跟文字無關，弄通文理內的邏輯關係，提昇領悟力，才能駕馭技巧，是習技出色的通徑，而且不分中外。

電影《奧本海默》(*Oppenheimer*) 中，諾貝爾物理獎得獎者、丹麥物理學家尼爾斯·波爾 (Niels Bohr) 告訴還在劍橋求學的奧本說，代數就像樂譜，重要的不是「你能看懂音樂嗎？」而是「你能聽見嗎？」道出弄清物相真諦的重要。電影導演基斯杜化·路蘭 (Christopher Nolan) 馳名國際，早期作品《凶心人》已技驚四座，構想獨到，後來更擅用昡人科技，畫面璀璨奪目，電影技法之出色，世界公認。可有想過，他在大學時名副其實一介文青，唸英國文學，寫詩寫文，鍛煉文理脈絡，提高學養層次，令思想通達透析。有一個靈光的腦袋，才有能力把手上的技藝駕馭得出神入化，能人所不能，不然棒極也只是一個熟手技工，作品千篇一律，被人主導，亦易被人替代。學風水也一樣。

外閉內寬

天上四維，地下四方，有四神圍攏作為護駕，能夠隔絕外界騷擾，《葬經翼》稱：「以其護衛區穴，不使風吹，環抱有情，不逼不壓，不折不竄。」放之於居所，四神全內自有寧謐天地，安全得靠，心裡覺得安穩，才是宜居之所。

我們要知道，四神全得來的安全感，寄託著一種人所共有的期望，超越種族和國界限制。提出進化論的達爾文（Charles R. Darwin, 1809-1882），他的祖父Erasmus Darwin（1731-1802）指出，所有生物要生存，都必須滿足三大慾望：飢餓、交配和安全感[03]。不錯，包括安全感。若居於曠野之地，把自己完全袒露於外，遇上猛獸說不定，遇上暴風雪也說不定，生存大成疑問，怎談得上宜居？

在共同心理訴求下，宮城、城市、村落、陵墓、園林按同一原則築建，閣下的住宅亦然。所以不管是選址建都，還是找住宅，必先從外圍大局的四神入手。

不過，在近乎封閉的四神之內，剛好相反，追求的是寬闊開揚，確保有足夠空間納氣、藏風和聚水。早在仰韶文化時期，姜寨遺址中央部分已留有一幅約1,400平方米，由四周房屋圍攏而成的空地，考古學家相信，這是作為族群討論重大事項的地方。後來，這由一種社會實踐演變成理論框架。跟外圍封閉形式對比，明顯地這是一個二元相對概念，跟《易經》的陰陽、虛實、空滿觀念一脈相承。

03 見 *Zoonomia; or the Laws of Organic Life* 一書（1794-96），一般譯作《動物法則》。

擇居之地向首的低地或水灣，風水上稱為明堂。明堂源自「祭祀之所」（武則天主政期間的洛陽城內的明堂，是用於布政、祭祀的重要禮制建築），所以以潔淨為德，尤其強調貴乎寬平。

風水上有一句說話：「明堂容萬馬，水口不通舟。」意思是四神對外的出口，一隻小艇也不足通過；然而四神之內，屋前的明堂卻越寬越好，寬得容得下千軍萬馬。所謂深深的藏，就是把吉氣妥為收納，「聚之使不散，行之使有止」，多多益善。明乎此，大家不難明白中環遮打花園之於滙豐銀行的作用。

放眼世界，明堂寬廣儼然是一種集體潛意識，全球通行。北京以外，數各地名城名都也有一個偌大廣場，作為明堂之用。華盛頓白宮前有南草坪和橢圓形草坪，莫斯科克里姆林宮前有紅場，韓國景福宮前有光化門廣場，甚至在神秘的國度朝鮮，也建有金日成廣場。按諸實際需要，明堂寬廣自然有利聚集海量人群，壯大聲勢，以至用作閱兵軍演，展示國力，作用跟古代中國作為舉行大典，宣揚政教之盛的地方無異。

四神與五行

四神全的另一個重要意義，在於它也意味著五行俱全。四神中青龍為木，白虎為金，玄武為水，朱雀為火，未有言及的中央為土，大局得四方拱衛，亦即五行全。在中國人的自然觀中，金木水火土五行是一個有機組合，缺一不可，否則無法循環相生，將生命延續；也會造成缺乏制衡，讓一行獨大，難以均衡發展。這套觀念從身體組合到風水拼圖一以貫之，《黃帝內經》和《黃帝宅經》都是託古之作，前者分《素問》和《靈樞》，談中醫理論基礎，以五藏配五行，食味不可偏廢；後者分《卷上》和《卷下》，談中國的住宅文化，論方位與時效。兩書儼如孿生，概以五行為綱，設譬取喻。一個人罔顧五行適配，身體受罪；一間屋五行不全，屋主受罪，中國文化就是有這種一體多元的特色。

從四神全到四合院

凡有空間存在，便有四神全的需要。

四神是外在的處境，求全的觀念從宮城過渡到民居，從北京到香港也有例子，前者是四合院，後者就是目前尚見於新界某些地方的圍村，例如上水圍、粉嶺圍、錦田圍、吉慶圍。

為什麼處處見圍？《說文》：「守也。從口，韋聲。」追求圍攏翕聚的訴求，我們看國和圍的字形自知。前作提到，國字原字為「或」，寓意持戈保護疆域，篆書出現後加上囗部，保護更嚴密；圍字出現，概念相同，是村民為求自保，在房屋前後左右築建起石牆，牆基用大麻石，牆身用青磚砌成，開小孔，方便監視外界環境動靜，分別只在於國家之國，以天然險阻構成，圍村之圍則是人工施為，作用相同。所以囗（音圍）部別跟口（音口）部混淆，前者構成包圍結構，後者只出現於字的偏旁。

至於中國的四合院，雛形早得令人驚訝，可以追溯至中國第一個皇朝——夏朝二里頭遺址的宮殿，已經以封閉庭院的形態出現。除了秦朝咸陽城以外，以後歷朝的宮城或民居，基本上都以相同形式築成。顧名思義，四合院是在一個庭院四面建有房屋，將庭院圍合在中間，以院中北房為正房，屋主居住，規模比其他房子大，左右房子稱為東西廂房。中國傳統文化追求天人合一境界，庭院中空，連接圓形穹蒼，房子四方，建於地上，象徵天圓地方，房子內住人，是一種天地人融合。關於四合院的詳情，在另章還會述及，暫從略。但有一點必須強調，四合院的結構概念與風水四神同出一轍，都以翕聚為目的。

四神的形態

看風水，宜先從較大範圍觀察，看周遭的山和水，一些古代宮城和風水典籍，也可為大家提供一些選宅靈感。談四神，《葬經》這樣說：「玄武垂頭，朱雀翔舞，青龍蜿蜒，白虎馴俯。」意思是作為坐山的玄武，垂頭不囂張，像是悅納你的降臨，左面的青龍山勢起伏連綿，增長氣勢；白虎兇猛，則宜貼服聽命，前面的朝山毋須高大，讓朱雀有騰飛空間，又像拱手朝拜。

唐朝卜應天的《雪心賦》，也有相似概念：「賓主趨迎者，情意相孚。右必伏，左必降，精神百倍。前者呼，後者應，氣象萬千。」這裡說的賓主，是指四神的身份，護砂的青龍白虎，案山的朱雀是賓，背後來龍的祖山玄武是主，就像四合院中的北房。四神之間主次分明，賓者形態謙恭禮讓，主者友善迎待，彼此共歡。很擬人化的描述，明顯談的都是有關山的概念，所以選宅時一些缺四神的選址可先撇除，山頂即在此列。作為觀賞地點，居高臨下，讓人享受著睥睨眾生的快感，無疑令許多人都趨之若鶩，然而作為居所，風水上卻犯了孤峰無靠的大忌，而且風水講藏風聚水，山頂無靠，四面當風，容易散氣，更不符合要求。

《撼龍經》稱：「聚處方為龍聚宮，四獸不顧只成空。」《雪心賦》亦稱：「八門缺，八風吹，朱門餓殍」，相反「四水歸，四獸聚，白屋公卿」。明代喬項《風水辨》闡釋風水二字，稱：「所謂風者，取其山勢之藏納，土色之堅厚，不沖冒四面之風與無所謂地風者也。所謂水者，取其地勢之高燥，無使水近夫親膚而已；若水勢曲屈而環向之，又其第二義也。」古書早已多次強調四神全的重要性。根據相同原則，現代人買樓多選大單邊，不想與鄰座太貼近，以保持私隱，然而，這種選擇等如也缺了青龍或白虎，同樣四神不全，並不可取。

風水的真諦

從對四神全的要求，筆者認為不少人恐怕都誤解了風水，覺得好風水就是風生水起，住進去名成利就，大富大貴。然而只要想深一層，這種觀念其實自相矛盾，站不住腳。試想想，若得四神圍攏，則風吹不進，波瀾不興，那如何風生水起？要風生水起，就得像性格英雄式膨脹的秦始皇，其建造的咸陽城，不設城牆，不要圍攏，任雨打風吹，全天候開放，赤膊相鬥，才能冒進求功。實情是，歷來中國的宮城，內有城牆構成封閉式區域，外有四神天然防衛。顯而易見，四神全求的是穩守和安寧，滿足現狀，然後在守勢主導下謀求發展，循序漸進，若然取得驕人成果屬喜出望外，錦上添花，因此四神重點在於守成，在藏不在揚。

放大一點看，追求四神圍合象徵了中國人含蓄內斂的民族性，不喜歡鋒芒太露，所謂好風水，對中國人來說，是以不好勝為強。這種人文精神也統馭了我們其他人文藝術範疇。寫書法，通常先要學藏鋒，書法教材說力在內，不外泄，蘊藏著一種含蓄的審美觀，令作品更耐看；中國畫也要強調含蓄蘊藉，意境留白才美，反映畫師的深遠內涵。

中庸最上乘

山頂無靠，四神有缺，山腳又如何？

先談風水，古人視山為帶氣順勢而下，到山腳已然氣盡入海，不利陽生之人與物，歷來通常只會建寺廟等陰物，一般視為不吉。以香港為例，要找未填海前的海岸線一點不難，廟宇往往就是舊時海旁，這點在第八章還會再談。事實上，撇除風水理論，山腳位置也存在著明顯缺點，若然暴雨成災，洪水湧至，出現山體滑坡、泥石流等現象，夾雜由上而下的衝力，破壞力驚人，山腳房屋必然遭殃。位置不理想，居住狀況也受影響，我們不妨看看一些實際例子。位於港島的置富花園屬中產屋苑，位於山腳的薄扶林村卻是一個寮屋區，搭建相當簡陋；而位於港島南區的壽臣山，更是本地富豪的聚居地，山腳是黃竹坑新圍村，部分房屋仍以鐵皮搭建，與山上的豪宅形成強烈對比。

天災見風水價值

筆者常覺得，每次出現自然災害的時候，就容易代入古人遭遇的苦況，也是明白風水智慧的契機，不宜輕率一句迷信來抹煞。選址不當，風和水分工肆虐，家宅難安。以香港為例，每年總會打幾次風，當8號甚至10號風球高懸，山頂位置四面當風，窗邊烈風陣陣呼嘯而過，甚至吹得有一點搖晃，通常還夾雜著暴雨；山腳情況相反，雖然風勢稍弱，卻因為住在低窪地方，如果同時遇上天文大潮，洶湧海水迅猛上漲，防範功夫稍為馬虎，居所恍如澤國，每次打風，熱門的受災地點總包括位處山腳海旁的大澳、鯉魚門等地。

在古代，一次天災，足以構成毀滅性破壞，所以對宜居地格外挑剔，而風水理論極可能就是慘痛教訓的累積和檢討，書中早就作出諄諄告誡，例如不建議居於山頂和山腳。低窪地方八卦中為坎，為陷為險，容易水浸，特別是古代排水系統不及現代先進，隨時淹沒民居；山頂地方又當風，不符藏風聚水的要求。想深一層，其實類似的說法根本與常識掛鉤，我們都熟悉「高處不勝寒」、「高不可攀」的說法。風水的概念和原則一點都不神秘，所以筆者常說，宜先以平常心了解風水，看待風水，再決定取態不遲。

數來數去，山巒高低起伏，還是以山腰最宜居。這種智慧，古人亦一早參透，尤其是興建宮城等大事，更不容忽視。前作提及：「地勢不能太低，避免洪水為患；也不能太高，造成供水和漕運困難，而講究平衡，也是堪輿概念之本。」（第31頁）符合傳統儒家追求中庸之道的原則，進退有道。

根據歷來宮城選址，《太保相宅圖》中有跡可尋，召公為遷都洛陽，事先進行勘測，圖中可以見到遠方高處是山，近方低處是海，太保召公就站在中間介乎山腰的位置。

漢唐長安城

在前作長安一章，提及漢唐長安城選址於龍首原，至於細節，礙於篇幅未有述及，現借本書再作補充。前作稱：「龍首原是關中一條由東北向西南走的高崗，長達15公里，闊約0.5至1.5公里，名字充滿堪輿色彩，意即龍脈之首，王氣觀念呼之欲出。有一個傳說，這條高崗狀似一條龍，頭向北，飲渭河的水，尾朝南，吸天地的靈氣。」（第93頁）

龍首原山勢不高，海拔約480米，僅高出渭河階地3至13米，然而山不在高，有仙則靈，它的南北兩側山腰興建了歷史上赫赫有名的漢唐長安城，一方面借龍首之名，突出統治者真龍天子地位，一方面取其高度，確立高屋建瓴的優勢，彰顯王權氣派。不過，位處山腰也要講一定條件，就是整體山勢坡度必須平緩，若然太過陡斜，山氣一瀉而下，無法翕聚；也宜佈滿植被，避免怪石嶙峋，否則也不是上乘之選。這裡涉及一種「地靈人傑」或「地劣人蠻」的傳統地學觀。

地人合一

風水，又名地理，要言之，就是人和地之間的關係。

在王權時代的中國，所謂地理家或地師是執行風水職能的官員。前文提及的楊筠松是風水界的祖師爺，其所著之《撼龍經》、《疑龍經》、《葬法倒杖》皆被視為風水經典典籍。他認為人與自然環境並非兩個互不干涉的個體，反而存在著緊密的互動關係，作為一位地學大家，楊筠松尤其重視地氣對人的影響。《撼龍經》稱：「昆侖山腳出闐顏，隻隻腳是破軍山。連綿走出瀚海北，風俗強悍人粗頑。」意思是中國祖山崑崙山，山腳是破軍山形，破軍山走旗拖尾，並不為貴，卻一直延綿數千里到海北，影響所及，所到之處，風俗強悍，人又粗頑。「行到背脊忽起峰，兗州東嶽插天雄。分枝劈脈鍾靈氣，聖賢多在魯邦中。」直至兗州山勢出現改變，分枝劈脈，風水上稱為剝換，在山東一帶透出鍾毓靈秀，因此聖賢通常出於魯國（現山東所在地）。

南京所以被欽選為明初宮城，除了四神全之外，它背靠的紫金山，樹木茂密，山勢挺拔，地靈人傑，有「金陵毓秀」的美譽，難怪一早被東吳孫權垂青，闢為建康城，近代孫中山也指定其為自己百年後墓陵所在。宋美齡建美齡宮之處，從高空拍攝的照片所見，紫金山還有一條由梧桐樹組成如寶石項鏈的絲帶，風光旖旎中人文薈萃。

◉ 美齡宮

龍脈一榮一枯

香港也有類似例子可以說明。

山的形勢變化萬千，蜿蜒起伏，躍潛不定，時現時隱，跟中國傳說中龍的形象相似，所以山脈又叫龍脈。筆架山和獅子山橫向山脈相連，然而外形上，植被程度截然不同，龍脈的影響也極之分明。

筆架山草木芊綿，鬱鬱蔥蔥，由筆架山左面落脈而下，先抵九龍塘達之路一帶，低密度豪宅林立；繼續一路南行，穿過界限街和太子道西，是加多利山一列獨立屋；再往前走，經過窩打老道後，則是京士柏等，幾乎包攬九龍區最昂貴住宅地段，沿途脈絡走向呈一直線，名符其實一脈相承，最後在尖沙咀天文台作結（即舊時稱大包米）。

反觀原名煙墩山的獅子山，怪石嶙峋岩巉，山頭寸草不生，故以惡獸喝形取類。同樣往南走，經過橫頭磡、樂富（舊稱老虎岩）、白鶴山（即今天華人基督教墳場）、東頭村，經九龍城到土瓜灣，別忘記，龍脈途中還會經過舊日惡名昭彰的九龍寨城。所經之處的民居，過去是徙置區和廉租屋，甚至是三不管的九反地帶，生活皆較艱苦，治安亦普遍較差，或為舊式工業區；土瓜灣十三街更蔚為奇觀，至今仍超過一百間車房林立，即使當香港經濟騰飛時，也未能同步長足發展，到今天仍多為舊區，尚待重建。

筆架山峰與獅子山毗鄰而立，然而民居的際遇落差頗為明顯，反映了山勢對人的重大影響。

◉ 獅子山（上）與筆架山（下）。術家對山勢形態慣常以象徵附比，呼形喝象，獅子山及老虎岩一帶山麓惡形惡相，故以猛獸稱之，從命名庶幾可猜地氣過半。反之，形如筆架，則可出文官文士。

青瓦台的啟示

孤例不立，香港以外，不妨放眼其他地方，看地人合一的關係。

由二次世界大戰後至2022年，首爾青瓦台一直是大韓民國歷任總統辦公的地方。弔詭的是，自戰後第一任總統李承晚開始，幾乎每位青瓦台主人都不得善終，有四位在任期間因發生政變或民運事件下台，四位卸任後遭起訴，一位被彈劾中途離任，兩位更分別在任期間遭暗殺或選擇自戕，種種不測，被外界稱為「青瓦台詛咒」。當然，每宗事件構成原因眾多，理應不能一概而論，然而放在風水的層面，卻有歷任總統共同面對的情況，那就是青瓦台背後的靠山——北漢山。北漢山山勢陡削急促，有違平和緩行的要求，無法聚氣藏風，而且山上處處巨石裸露；後面的北嶽山嶙峋更甚，連綿山巒像一排突兀瘦骨，雖風景卓絕，可能是旅遊勝景，但從不是理想的祖龍風貌，儼如一道敗龍，了無生氣。風水慣常將山勢形態與人格性情進行攀比串連，青瓦台端的是山猶如此，人何以堪？

◉ 青瓦台及背後的北漢山。早在唐朝，僧一行在《梵天火羅》已將四靈山脈以貪狼等九星取喻連類，推斷吉凶，楊筠松則在《撼龍經》中論破軍星，指出山勢與人脈關係。

水法

前作中提到，雖然風水是一個辨識度很高的中國人品牌，但不代表我們擁有專利。它原是應對地理形勢的產物，中國的地理特點是山和水特多，所以風水上衍生出眾多山形和水法，二者不能偏廢。明朝繆希雍《葬經翼》中稱：「山氣剛，川（即水）氣柔，剛柔相蕩而地道立矣」，所以略談過大局中的山形，現在也談談水法。關於中國江河的系統性整理，濫觴是北魏酈道元所著的《水經注》。它是一部古代中國地理名著，為注釋《水經》而寫，共四十卷，將水道與自然及人文概況相提並論。後來術家按此發揮，做法與論山相同，例如以九星等或擬物化命名，並從水文與建築物朝向的關係，談吉論凶。筆者認為，水法理論較之於山形，與現實情狀結合度更高，更容易為人理解，觸類旁通，印證風水並非憑空之談。

(1) 環抱水

前作中提及，風水中論水法的一些術語，例如知名度極高的玉帶環腰，即在河道環抱的一岸擇居為吉，同樣能從六千多年前的半坡和姜寨遺址中找到理論源頭——「在河流的彎道處，受到離心力的影響，水流慣性向外沿沖擦，不斷侵蝕岸邊泥土，導致流失崩塌，釀成人命和財物損失。至於彎道內沿由於水流不均，沙泥沉積，土地變得肥沃，面積亦越來越大。」（前作第37頁）後來隨著築城技術的進步，河流浸蝕的影響已經歸零，但人們還是保留著先民時代的設計，昇華為儀式化規劃，滿足心理需要，更儼然成為一種文化基因，在宮城歷史上一直傳承。

環抱水的形態迂迴曲折，像來水有情，去水有意，遲遲不忍離去，藉此產生翕聚效果，視之為吉。

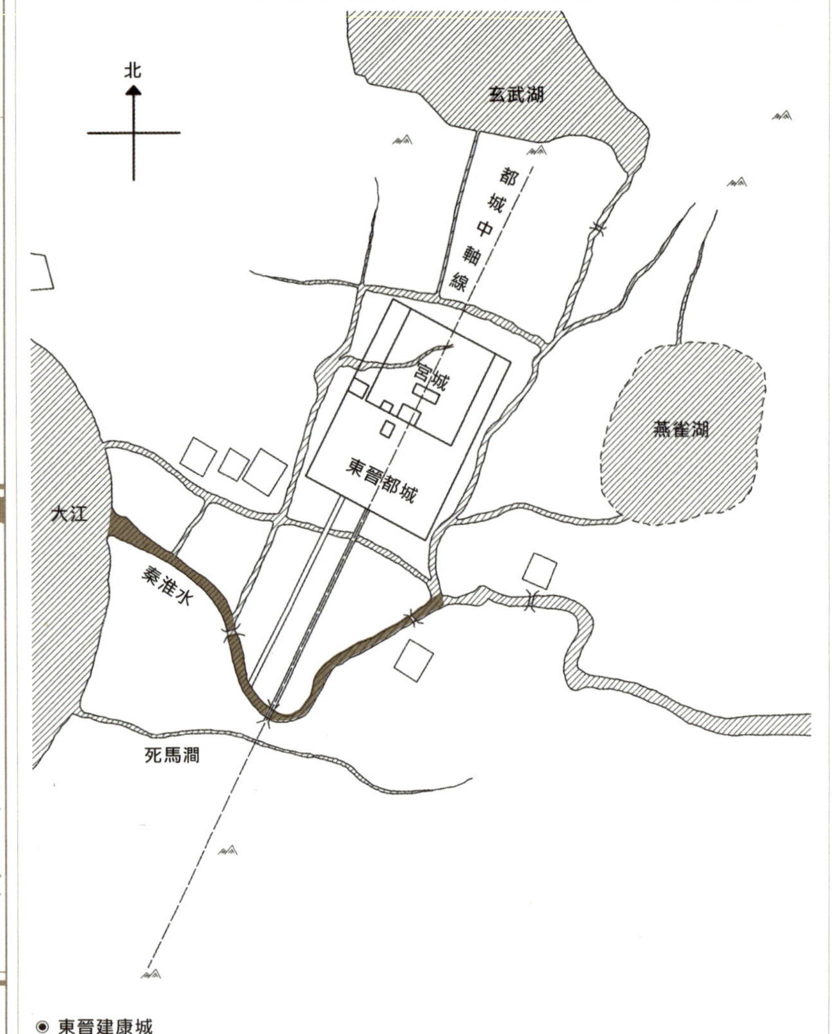

◉ 東晉建康城

為了取環抱水吉應，三國時，東吳孫權建建康城，大局按四神全原則選址，北倚紫金山，南朝秦淮，西面為石頭城，東面為紫金山東麓，宮城形狀亦按照傳統呈方形，然而立向卻不惜背離自夏商以來宮城坐北向南的原則，扭轉至東北向西南格局，目的就是取得南面秦淮河的「環抱」。

至於明南京城建於燕雀湖之上，佈局上重回坐北向南傳統方位，值得留意是午門後的金水河，也是呈環抱之狀。明清的紫禁城基本上以南京城為藍本，除了加建三大殿外，午門後的金水河亦予以保留，形狀不變；更於午門前的承天門（即今之天安門），加建另一條外金水河，呼應城內的內金水河，內外交疊，雙重護衛，務求萬無一失。

域外例子

漢學自唐朝開始正式影響周邊地區文化以至城市規劃，承傳山形理論以外，水法亦然。韓國（舊高麗等地）選擇定都首爾（古名漢城），總統府所在地的青瓦台，南面遠朝漢江。全長514公里的漢江，大致呈東南和西北走向，迢長水遠，為什麼青瓦台面朝的漢江就截取這一段？一切看圖自明。此段為漢江內彎處，呈環抱形狀，包圍景福宮以南一大片腹地，令明堂開闊又翕聚，幾與東晉建康城同出一轍。

至於青瓦台前的景福宮，過往是朝鮮皇朝的主要皇宮，大家不妨留意，南面光化門前的馬路Sajik-ro，也是呈環抱狀，與漢江並列，也猶如紫禁城的內外金水河。這條馬路全由人工興建，若求交通暢順，大概可一如元朝興建京杭大運河般裁彎取直，現在卻反其道而行，在景福宮正門前刻意裁直取彎，道路走向猶如包裹著景福宮，這顯然並非一個巧合，而是追求心理安穩的基因發揮作用，影響至於城市規劃。

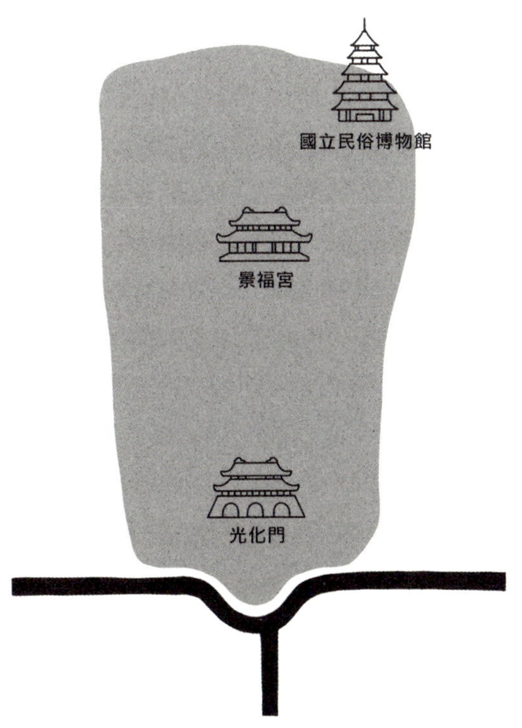

◉ 景福宮門前規劃

反弓水和直射水

事實上，來到現代，風水學上的水法，已不限於專指自然界的河流水道，而是關乎也帶氣而來的馬路和道路等。道路上行人走動（城市化後加上汽車行駛），宛如水之流動，清代《陽宅會心集》稱：「一層街衢為一層水。」道路稱之為虛水，對應河流水道的真水。雖稱為虛，其影響卻一點不能小覷，汽車的撞擊力，比經年累月才造成的河道侵蝕，破壞力更甚。按照物理原則，汽車拐彎時若出現失控，由於離心力的緣故，通常向外沿衝去，原理與河水流動一樣，外沿位置首當其衝，所以面對道路外沿彎位，風水上稱為反弓水。反弓者，即弓箭放射的方向，具有殺傷力，更不能掉以輕心。

反弓水以外，風水上亦不喜水徑直而來，到屋前欠缺緩衝，上章已稍有言及。有書還把情況說得相當嚴重，例如風水大家蔣大鴻所著的《水龍經》稱：「直來直去損人丁，左射長男必遭殃，右射幼子受災傷，若還水從中心射，中房之子命難長。」把水流直衝形容得像機關槍掃射，無一倖免。筆者認為，今時今日看風水，我們毋須照搬古代一套，原因之一，古代房屋沿河搭建，水直衝的力量大，容易造成水土快速流失塌陷，人命財物傷亡慘重，然而現代河堤厚實，建築物地基整固，情況不應同日而語；而且古代的書寫文化，下筆往往帶有勸世意味，將情況說到最極端，遣詞用字極盡誇張能事，務求令人讀後害怕，避免作出作者認為不合適的決定。其實，水朝直來的問題，在於不像環抱水迂迴不去，令人感覺無情，意味著未能與大自然和諧融合，造成的光害亦的確不為人所喜，所以視為不吉。

風水無必然吉凶

將道路視作水道，還有一點必須注意。彎曲水雖然能夠聚氣，卻必須流動，才不會變成一潭死水；道路也一樣，宜四通八達，若然前面無路，走到尾需掉頭，即謂之掘頭巷（dead end），若寓居或開店於此，一般並不理想，因為猶如走進窮途末路的意象強烈，運勢變得停滯兜轉。筆者想指出，這種說法並不止於想當然，而是具有學理上的解釋。《周易》六十四卦中的否卦，上卦由「乾」（代表天），下卦由「坤」（代表地）組成，天在上，地在下，看來似是正常狀態，然而從《周易》智慧，此卦象徵天地不交，萬物不通，稱之為「否」，即阻塞窒礙的意思，並非好事。「此路不通」的掘頭路正是如此卦象。那怎樣才能否極泰來？再據易理，很簡單，將天地位置互換，即為地天泰卦，地在上而天在下，陰氣主下降，陽氣主上升，二者才有交往，象徵通泰平安。

不過，話說回來，基於陰陽二元論原則，風水上並無絕對的好壞，視乎性質是否跟地氣匹配。掘頭巷封閉之氣雖不利陽人，卻大利陰物。大家不妨留意，教堂、廟宇或帶煞的行業（如車房等）常置於掘頭巷尾，分佈港九新界，而且一駐多年，從來不須搬遷。教堂的例子，港島有禮頓里的香港靈糧堂，九龍加士居道小路上有循道衛理聯合教會，新界有元朗宏業南街的恩福堂；車房的例子更多，銅鑼灣的希雲街、跑馬地的晉源街、荃灣的芙蓉街一帶，都是掘頭路，雖置身地價高昂的鬧市繁忙地段，依然開業多年，生意不愁。

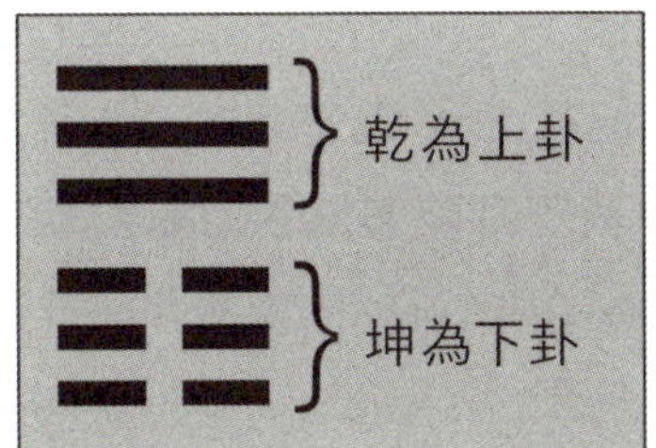

◉ 天地否卦

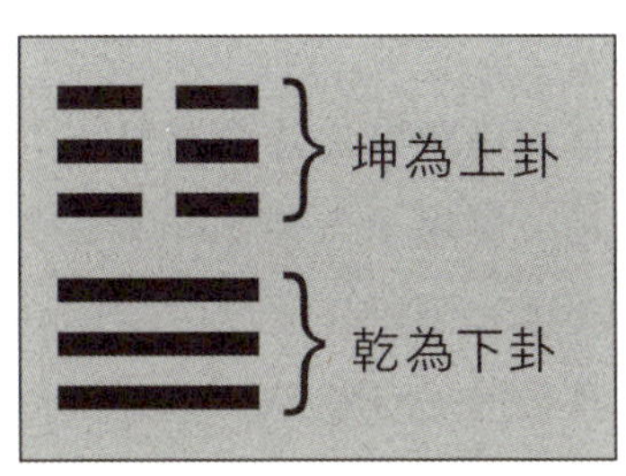

◉ 地天泰卦

看風水的其中一個簡易法則，是先觀察該區形勢，若廟宇教堂以及工業興旺，證明地氣利陰，不合人居，大勢不合，便無謂花時間努力揀選房屋坐向；相反，如果附近純屬民居，或廟宇等門堪羅雀，則值得不妨進一步探索，到時才論門向未遲。關於這點，在以下章節還會再談。

(2) 水大無收

中國傳統宮城選址，強調聚氣圍攏，所以無論山勢和水法，都按此原則判斷吉凶。《撼龍經》稱：「平地龍從高脈發，高起星峰低落穴。高山既認星峰起，平地兩旁尋水勢。兩水夾處是真龍，枝葉周回中者是」，還有「外山百里作羅城，此是平洋龍局段」。

所謂「兩水夾處」，以隋唐長安城為例最為恰當，前作中記述：「先談大局，唐長安城延續逐水而建的傳統，選擇距渭河較遠，在灃河和灞河兩條大河之間一片廣袤而肥沃的土地上興建。堪輿學上視兩河之間為吉地，若兩條水氣並行然後交匯，中間有利東氣，結聚成穴，宜用於建城設邑。」（第102頁）

隋唐長安城的選址，正是平洋龍格局。為防生氣外洩，宜在出水口之處，分佈著小山小島，風水上稱為羅星，令明堂緊閉，看不到出口，像水流情意顧內，從而產生翕聚效果。《撼龍經》稱：「關攔之山作水口，必有羅星在水間。大關大鎖龍千里，定有羅星橫截氣。十闌十鎖百十里，定有王侯居此間。」相反，若水口開闊，羅星無蹤，水勢變相直去無收，就像無情告別，說不上是好兆象。

桃花源佈局

有說魏晉詩人陶淵明筆下的《桃花源記》，是一個理想的風水佈局，又稱陶淵明原是一個風水大家云云。筆者在文獻中找不到陶懂風水的記載，與其因為文中有關於桃花源內外環境的描述，就說陶是風水師，不如說他的作品投射了一般人心目中理想的居住格局——外閉內敞，山水共融，令人怡然自得。風水的本貌，根本不過如此。

且先看《桃花源記》內文：「林盡水源，便得一山，山有小口，彷彿若有光。便捨船，從口入。初極狹，纔通人。復行數十步，豁然開朗。土地平曠，屋舍儼然，有良田美池桑竹之屬。」源外有山，令入口隱蔽，而且異常淺窄，僅容一個人通過，果然「水口不通舟」；然而步進源內，馬上豁然開朗，一片平坦盆地，又確是「明堂容萬馬」的佈局，景致盎然，充滿富足景象。看，風水上的水口、羅星、明堂一一俱備，而且寬窄大小合度。由散文到風水，中國人的人文觀統馭了所有藝文術數範疇。

明堂法則

既然水法有不同法則，所以望海不一定萬事皆吉，也要講一定條件。

深水灣是香港巨富聚居地，它的垣局正切合羅星塞水口的要求。深水灣左側有一個小島嶼，名為熨波洲，作用一如其名，熨平從南中國海涌來的波浪，令灣內風平浪靜，符合水動貴平靜的要求，物以罕為貴。一如《雪心賦》所言：「水本動，妙在靜中」，所以即使望海，也要視乎水流緩急程度。從深水灣望去，近處左面是熨波洲，稍遠右面是南丫島，最遠處是大小担竿洲等群島，這些羅星分佈位置渾然天成，恰好把明堂團團圍住，從任何位置都望不見缺口。

◉ 深水灣

域外例子

同樣孤例不立，上段以韓國為例，今段說日本。日本兩大城市——關東的東京和關西的大阪，大局形勢出奇地相似。前者藏身東京灣內，兩側千葉縣與神奈川縣猶如一對護法，收窄水口關隘，環抱成內港寬闊的明堂；大阪市藏身在大阪灣內，前面淡路島化身巨大羅星，堵住水口，與對岸和歌山形成一闕關閘，鎮守大阪龍門。其實中部的名古屋形勢亦相似，不過大局稍遜，地位比不起前二者。甚至遠及美國首都華盛頓，格局亦與東京和大阪相似，西面波多馬克河（Potomac River）為美國東岸第四大河流，河面最寬處達1.7公里，浩渺飄蕩，原本水大無收，後來建了東波多馬克國家公園，成為風水上的羅星，令明堂束氣，收翕聚效果。

回顧香港，反面教材有位於新界西北面的屯門。在古代，該處是進入香港的必經之路，基於防衛需要，作屯兵之門。屯門內灣三面環山，西面是廣闊的珠江口和伶仃洋。近屯門碼頭一帶，在赤鱲角機場未建成前，幾乎是180度一望無際的海景，名副其實大水無收。赤鱲角機場興建後，情況稍好，遮蔽了左面缺口，然而始終水口太闊，擋無可擋，明堂聚氣無從，於是不免承受飄蕩的惡果，一直起色不大。若再次放眼亞洲，與香港同樣位於中國南方的海南島，外望也是一片汪洋，欠缺了聚氣的天然屏障，發展亦難跟有翕聚之利的上海香港媲美。

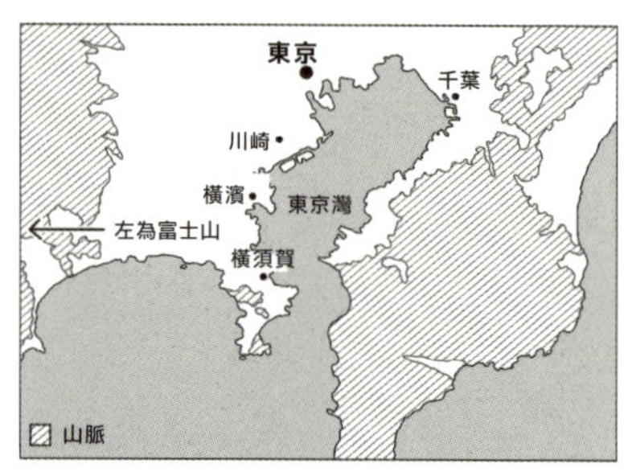

◉ 東京海灣

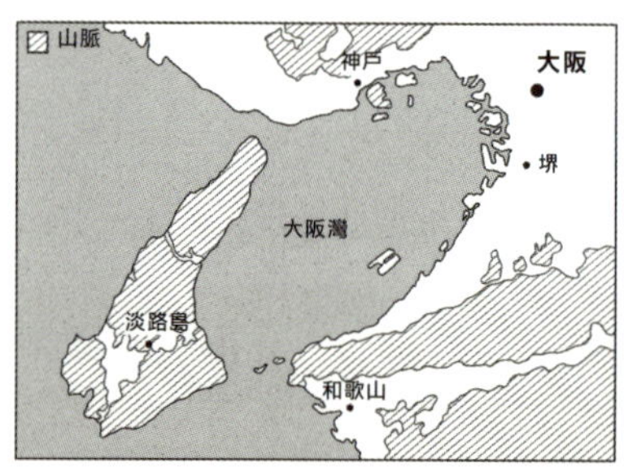

◉ 大阪海灣

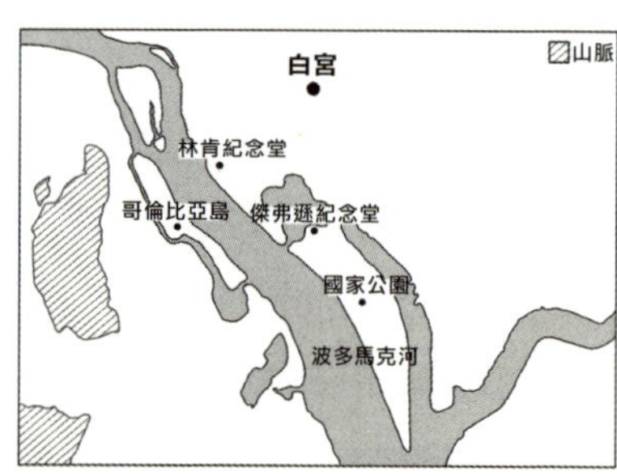

◉ 華盛頓與波多馬克河

◉ 從屯門青山發電廠外望，除有沙洲及龍鼓洲零星分佈外，水域不見盡頭，氣勢盡洩，藏風聚氣無從説起，與深水灣大局形成強烈對比，足證並非近海就好，還有其他條件要講。

(3) 割腳水

中國古代宮城選址充滿政治考量，必須要取地中，以呼應天子立足天下之中的權力授予，「帝王居中，撫馭萬國」（明成祖語），因此極少在岸邊定都，唯一一次例外，是南宋定都於錢塘江畔的杭州，然而這是一個迫不得已的決定。

北宋末年靖康之恥後，宋高宗趙構在江南一帶四處躲避金兵追截，足跡遍及浙江、溫州、杭州等地，甚至匿藏在船上，直至靠岳飛、韓世忠擊退金兵，才返回杭州，臨時整修地方官衙，升格為宮城，稱臨安府。當中的考慮有二：一是臨安北市南宮，平民聚居在北面，若金兵南下，宋高宗也能藉民居阻敵，乘機竄入城南的錢塘江逃難；二是江南地區湖河密佈，亦可困擾善於騎射作戰的金人。

南宋滅亡，錢塘江繼續名留歷史，相信跟每年農曆八月的大潮有關，潮湧時聲勢浩大，不少人專程前往欣賞。巨潮造成的破壞力也十分驚人，捲走岸邊許多走避不及的觀潮人群，據統計，從1993年至今，已造成近100人死亡。

考諸風水，中國的選宅智慧，從不以臨海近江為美事，稱之為帶負面意義的割腳水。顧名思義，是指居住地方與水邊距離極近，中間沒有小山或建築物阻隔，像水之割腳，「水貼穴前，扣腳行也」（《山龍語類論》）。筆者明白，許多人嚮往水岸環境，但風平浪靜並不恆常，最好為天公老爺發脾氣時做好準備，風水上的案山和朝山就是你的保護神，提供緩衝作用，倘遇上巨大自然災害，離岸太近，欠缺緩衝，無疑將自己置於浪尖風口。

舉一個大家熟悉的例子，每次颱風襲港，傳媒焦點必然落在港島東的杏花邨，乃因這裡颱風激起的巨浪格外矚目，遇上特強颱風如2017年天鴿和2018年山竹，造成海嘯式破壞，平台恍如汪洋，有時甚至高越燈柱，肆虐拍打低層單位，令家園變成澤國。造成這種錢塘江大潮式奇觀，正正在於杏花邨前無遮無擋，失去案頭的保護。若我們換個位置，在其東南面的東龍島遠眺，碰巧吹上強勁東南陣風，杏花邨靠岸的幾座樓宇馬上首當其衝，猶如門戶大開，任由大自然淩虐，情景好不駭人。每逢有颱風逼近，臨海居所就會了解案山的重要。香港是一個島嶼，九龍也是一個半島，所以割腳水的例子甚多，值得大家注意。

◉ 氣象小常識，夏季是香港的打風旺季，最常出現的風向為東南風，南風及西南風，近海又面向上述方位的地方便容易正面受襲，若無案頭遮擋，情況便恰如杏花邨岸邊單位（相片中央偏左那一排白色建築）。

【延伸閱讀】

四神和鎮墓獸

本章談大局四神，根據法天象地的原則，從天文到地理，左右一個皇朝的國都選址，反映出堪輿的大用，也談過四神之於民居的作用。然而可有想過，古人為什麼以青龍白虎朱雀玄武為四神，而不是青蛇、白馬、朱麒麟和玄駱駝？

四神來源甚早，早在軒轅黃帝與蚩尤的大戰中，已有用四神佈陣克敵的記載，奠定了四神護主的形象。四神圍合，堵截外界的窺伺，滿足到祈望安穩的心理訴求。先民時代，面對洪水猛獸的威脅，處處危機四伏，苦於無力抵抗，生命危在旦夕間，只好寄託各樣物種崇拜，祈求保佑自己和族群免於危難，於是產生不同圖騰信仰。人類看動物物種，約略可分為四類，一是介獸，即有殼類，如烏龜、蝦蟹；一是鱗獸，如龍、麒麟和穿山甲等；一是毛獸，如獅虎、貓狗；一是羽獸，如鳳凰、孔雀和小鳥；除四大類外，還有倮類，即裸，如青蛙及蚯蚓等。

於是，選擇題來了，要保存寶貴的性命財產，你會選擇兇猛的虎獅、殼硬如石的烏龜、靈動的孔雀、能興雲降雨又寓意吉祥的飛龍，還是蚯蚓、青蛙和可愛的貓狗之類？所以，今天流傳的四神是青龍白虎朱雀玄武。它們各有特點，青龍為鱗獸，白虎為毛獸，朱雀為羽獸，玄武為介獸。四神不偏廢，祈望發揮各自優勢，將力量最大化，守家護土。

這種博取眾長的原則，也見於中國其他藝術文物範疇，包括具有守護意義的物件之上——鎮墓獸是其一。

關於鎮墓獸的起源，眾說紛紜，一說在《周禮》中記載了一種怪物，名為方相氏，能鎮妖除魔；一說來自《山海經圖贊》，提及一種名為窮奇的物種，視之為能馳逐妖邪神物。巧合的是，兩者皆厥形甚醜，令人聯想起以捉鬼聞名的鍾馗，據說生成豹頭環眼，鐵面虬鬢，彷彿專門鎮宅辟邪的造物，首要條件必須外貌夠驚嚇，不醜不可，以「非主流」形象驅逐魑魅魍魎。

鎮墓獸是中國古代的陪葬冥器，中國人相信人死並不如燈滅，而是前往另一個幽冥世界，然而這個不見天日的地下世界，存在著各種幽魂野鬼、邪惡兇靈，隨時侵害先人。生者為盡孝義，於是創造了形象各異的鎮墓獸，守護墓主，辟邪驅鬼，讓先人得享安寧。西方也有類似信仰，埃及著名的獅身人面像，守護在古夫金字塔前，給法老王守墓，分別在於一在地下冥界，一在人間世界。

春秋戰國時代，已經發現有木製漆器的鎮墓獸，構思詭奇，造型獨特，有多枝尖角的雙鹿頭，外貌如鹿角，選材混合木材和銅質，在巫術傳說豐富的南方楚國出現，一般稱之為楚式鎮墓獸。

漢朝時，為鎮壓邪靈，鎮墓獸外形各適其適，由鹿角過渡至犀牛，但並不完全按照犀牛形象，而是為加強震懾效果，開始脫離現實，變得更為強悍兇猛，例如在犀牛背上加三個尖角，或者像後肢欲蹬的翼獸造型，如獸添翼。

到唐代，隨著國力增強，經濟蓬勃，厚葬習俗蔚然成風，鎮墓獸也隨之踏入發展的顛峰時期，出現複合式鎮墓獸。複合亦即融合，古人一早深諳優勢互補概念，從各種猛獸取其最兇猛部分，刻意經營，化整為零，又化零為整，造成各種面目猙獰，造型古怪，令人無以名之的複合式鎮墓獸，是古人異想天開和客觀觀察下結合的產物，猶如一個古代fusion版變形金剛，略述如下：

◉ 松心閣的鎮墓獸藏品

1，獅虎一體。獅虎皆兇猛野獸，百獸之王，既取其蹲踞形態，二取其捕獵時的殺器——震吼時露出的強壯犬齒；

2，龍的犄角。龍是中國傳說中的神獸，頭上長角，足以牴觸，其次是象徵引魂升天成仙，表達成功轉世的期望；

3，鷹的翅膀。地上稱霸之餘，亦可遨翔半空，上天下地；

4，抓蛇的爪。蛇多隱匿於地洞之中，對先人亡靈造成騷擾和威脅，現可憑一雙利爪翦除危害。

鎮墓獸一身升級版裝備，是為了確保在幽冥世界中，無論面對灰犀牛或者黑天鵝，都能應付自如，穩操勝券，而且嫌一隻力量不夠，還經常「行孖咇」，一為獸面，一為人面，既要鎮懾陰間的邪靈惡鬼，更要恫嚇人間的盜墓賊。原來自五代十國以來，厚葬成風，墓主為自抬身價，墓內往往伴隨價值不菲的陪葬品，引來盜賊覬覦。可惜歷史證明，鎮墓獸作用只屬一廂情願，統統無功而還，「百墓九十九空」，但至少說明中國人對冥界的無限想像。

另有一點值得注意，唐代以後的鎮墓獸，底座都是方形。雖已脫離人間，陵墓始終是地下幽都，需要堅實的大地，貫徹著古代「天圓地方」的宇宙觀念。

無論四神或鎮墓獸，中國古人這樣絞盡腦汁，掏空心思，製造複合式物種，給陽宅陰宅守土護疆，寄託著對安穩生活的無窮嚮往，一種神獸不夠，來夠四種，甚至更多也可以。中國人不同於西方宗教藉著禱告慰藉心靈，改而通過物種崇拜達成心願，尤其近代中國苦難深重，人們吃盡苦頭，經歷眾多顛沛流離，所以強調趨吉避凶的風水輕易在中國流傳。

中國人常遭訕笑拜天拜地，被人標籤落後迷信，然而可有想過，背後是什麼原因？現實太苦了，哪怕只有一絲寄望，也不願錯過，寧願相信萬物有靈，讓苦難得到救贖。今天我們活在太平盛世，風雨無晦，當然難以理解那時人們的心情——如果他們一路走來，平穩無憂，忙著享受生活，誰有空去裝點四神和鎮墓獸，拜樹拜石頭？

人類無法超越自然，
而是取法自然；
直線是人為的，
曲線則屬上帝。

——高第（Antoni Gaudi），西班牙著名建築師

直觀

將高第的說法，跟下文《黃帝宅經·凡修宅次第法》對比：「宅以形勢為身體，以泉水為血脈，以土坡為皮肉，以草木為毛髮，以屋舍為衣服，以門戶為冠帶。若得如斯，是事嚴雅，乃為上吉。」

自有人類開始，無論中學西藝，不約而同認為我們跟自然存在著一種共生關係，命運休戚與共，人類遵從賴以為生的自然規律生活，會得到自然反哺；若強跟自然作對，就會遭受反噬，釀成人禍下的天災。近年全球氣候反常，相信大家都有切身體會。所以，不論高第說的取法自然，抑或老子在更遠古之前說的道法自然，都把自然當作一位無言老師，你要懂得心領神會，自會在無聲無息中參悟出生存的要旨，而風水毫無疑問就是應對自然的產物。關於這點，古人早有先見，三國時代的管輅說：「務全其自然之勢，期無違於環護之妙耳。」（《管氏地理指蒙》）

風水可以很簡單

從考古學和古建築角度，風水若然要深究起來，固然具有豐富底蘊，當作一門專修學科研習，前作中馮錦榮教授和王維仁教授在序文已作出了上乘的範例；或單從數術而言，由《易經》到《易傳》，由八卦到六十四卦到《十翼》，把純占卜的紀錄提昇到人文思想的哲學層面，《易經》內的陰陽及中和概念又深深影響風水的理論範式，形理又要兼察，有關風水的專題典籍更是汗牛充棟，是一個得窮一生之力研究的大課題。

只是，一般人既非學者專家，也非有志於此道的業者，難道風水就跟他們完全無關？

理想風水的格局，是一種天人合一的體驗（天人合一這個字有點學究味道，我們不妨簡單理解為融入大自然之中）。王維仁教授說：「在方形的四合院或王城裡面，一個位居正中的儒者或君王，面對四周的家族和社會關係，體驗冬日陽光和夏季南風，日出日落的生活節奏，仰天感受天地方圓，日月星辰的季節循環。」（前作第6頁）不必遠徵古城古都，眼前北京的紫禁城就是融合了天人合一觀念的傑作。

前言中指出，中國傳統宮城方位坐北向南，有其重大政治考量，也連繫到宜居的日常生活，兩者都出於道法自然。古人由於生存的需要，熱切希望了解大自然的運作規律，所以經常眺天望地。他們看漫天星空就像一把傘，天軸就像傘柄，把恆居中央的北極星與地下連繫起來，這條從北至南的中軸線，被認為是連接天地，溝通北南的載體。遠古先民認為「中」來自於天，權力也來源於天，故最高權力為「天命」；而「天子」是承接「天命」的人，中軸線傳承天意，能夠加強統治者在地管治權力的認受性。

其次，坐北向南也與中國地理氣候有密切關係。中國位處北半球，受大陸性氣候影響，冬季季候風從北吹向南方，北面若有高山為靠，可阻截刺骨寒風；向南開門，則可採納從南回歸線射來的溫暖陽光，傳統智慧認為「千金難買向南樓」，就是一種集體生活體驗的總結。這是為什麼中國人都偏愛向南的房子（這點在第四章再談）。

風水上一些有關方位的要則，譬如北屬水，性寒；南屬火，性熱，根本就取材自中國自然氣候。所以筆者一直強調，若有志於學風水，入門讀物並非那些古書古訣或大師著作，而是一本中學地理書，或在網上隨便搜索的一張中國地圖，將之跟風水理論互相比勘，馬上觸類旁通，何須大師指點？

權力授予加上自然環境驅使，所以自夏朝二里頭宮城以來，坐北向南早已成為定例，只有南宋臨安城由於政治現實而例外，近至明清時代共二十四位皇帝住在紫禁城，大概也住得滿意，只偶爾移駕圓明園，最後一位住客溥儀甚至賴著不走。

四合院裡的天地

我們一介凡夫俗子，毋須與政治掛鈎，權力授予云云大可不必談，然而跟自然環境的共融，關係卻依然重大。風水本身就應該是人所共有的本能，簡單得是一種不用言傳，憑感覺說話的體驗。北京的四合院在佈局上跟紫禁城同出一轍——坐北向南，四面圍攏，外閉內寬，只欠那張太和殿上的龍椅而已。

《建築裡的中國》一書引述馬來西亞著名生態建築設計師楊經文的說法，認為建築可分成幾類，一類是毋須電能與機械作用也可令人住得舒適，一類是部分需要電能與機械作用以保證舒適，一類是完全依賴電能與機械作用的。楊教授認為最好的建築應是第一類：「比如北京的四合院，毋須電能與機械，只是把建築設計與院落內的生態環境結合起來，就能營造冬暖夏涼，保證了舒適度，這是他孜孜以求想達到的果。」[01]

01　蒲肖依著：《建築裡的中國》，三聯書店（香港）有限公司，2019 年 4 月，第 411 頁。

我們也順理成章，把這種心態置於構建建築物之上。不管宮城和四合院，都毋須現代科技（如空調、暖爐）等外力，單憑與自然諧合，已經足夠營造一個舒適的居住環境。感覺最不能騙人，風水原則在於配合大自然的生態環境，它指導下的建築物是有機的建築，可呼吸的建築，溫度和濕度相宜，感覺冬暖夏涼，就是好風水。而建築物就是人與自然之間的中介——按照人的需要，配合自然而建。

◉ 中庭式住宅是人類普遍採用的居住方式，在六千多年前的兩河流域文明已經出現。在中國，則稱之為四合院，遍佈各地，東北至黑龍江，南至海口也有，惟建築形制有別，一般以北京四合院為典型。

任由感覺驅使

有一位心理學家朋友告訴我，一次想搬屋，選擇同一屋苑，只是不同座向。剛入屋，馬上感覺不對，未問及任何房子細節便想離開。畢竟職業緣故，筆者相信她對心理之於人的影響知之更詳，往往淩駕其他。是的，若首次置身一間房子之中，只需問自己一個問題：「想在這裡逗留嗎？」想，這房子風水至少不賴；不想，風水便有問題，如此而已。研究中國古建築的留美建築師蕭肖依說：「風水代表著人類早期對環境的自然反應。地形、氣候、方位是風水學最需要考慮的基本原則。」[02]

是的，自然反應。風水的初念，往往是不求甚解的一回事，相信自己的感官系統，讓它與周遭的環境直接交流，體會休咎，古代的皇帝，也大概如是。前作中提及顯赫如楚王，在今南京山頭站站，感覺不對勁，覺得此地有皇氣，便命人把金柱埋在山陵之下，斷其龍脈，金陵之名才不脛而走。

事實上，古代術數中早有占風望氣之術，意思是通常在早上和黃昏，藉著觀察自然環境，如天氣、雲彩和光環等，判斷一地吉凶，呈紅色為富，呈黑色有禍云云。用今日的術語，是要摒除一切如文字障等轉折，直觀那地方的氣場，目注而達心。中醫說的望聞問切，其中那「望」也大概如是。到今天，我們何妨也交由眼睛、耳朵和鼻子三感代勞。理想的房子，自有一種恰到好處的和諧和平衡感覺——光線充足，又不致於刺眼，景物遠近合度，不狹逼，不遙遠；周遭聲量平和，彷彿心境也隨之澄明，不會鼎沸刺耳，也不會死寂得令人窒息；空氣怡人，氣息不會過分強烈，不混濁，不刺鼻，令人想奪門而去。這是因為以陽宅而言，賞心悅目的自然環境一直蘊藏在上佳風水觀念之中，人自會選之作為理想棲息地。

02 同註 1，第 120-121 頁。

上章以筆架山和獅子山說龍脈的榮枯，今章不妨又以此為例，說山林的豐腴和貧瘠。兩山雖毗鄰而立，前者顯然草木茂盛，鬱鬱蔥蔥，後者則山勢巉巖，怪石嶙峋。做個簡單民調，你想朝夕看到的是筆架山還是獅子山？青蔥的山巒，讓人心曠神怡，住在城市的人，假日總喜歡到郊外走走，嚮往碧山泓水，醫生也告訴我們綠色對眼睛特別好；相反，壁立千仞，寸草不生的山野，外貌的確有點趕客，寓意亦欠佳，誰想滿目痂癩？

筆者年前曾到訪朝鮮，這個被外界認為經濟狀況一直欠佳的國家，首都平壤無山（故有此名），無法由山勢判別。惟此行離開平壤後，無論南下板門店或到西南面的南浦市，沿途所見，山脈破碎，山坡處處石頭外露。原因之一，當然可能由於燃料不足，樹木都給砍伐生火，造成水土流失，植被不存。從風水的角度，敗龍遍佈各地，意味孤貧伶仃，疾苦懦弱，對生人影響尤大；放諸現實，朝鮮目前仍然倚重農業生產，敗龍象徵土地貧瘠，農作物產量急降，導致糧食嚴重短缺。這樣正解釋了以農立國的中國古代，為什麼視山石巉巖為敗龍、不吉。

◉ 筆者攝於朝鮮開城市山上

大自然先天原貌如此，後天施工又如何？在靠近山坡的地方，為防水土流失，造成山崩或泥石流，危及人命安全，通常會於斜坡上做一幅擋土牆，有用毛石灌漿或用毛石混凝土築成，在山多的香港幾乎隨處可見。前者較整齊，後者凹凸不平，但都有不美觀的缺點，黝黑粗糙，死氣沉沉，一定及不上一片生氣盎然的翠綠吸睛。

那風水上又怎樣認為？《管氏地理指蒙》稱：「借龍之全體，以喻夫山之形真」，將山上的土視作龍的肉，石視作龍的骨，草木視作龍的毛髮。龍脈帶氣而至，能對周遭的人和物造成影響（詳情可參見《撼龍經》破軍星部分），植被密佈，代表這條龍精神飽滿，毛髮旺盛，人居其下，得享其帶來的福蔭；相反，山石外露，感覺寒傖貧瘠，當龍也自顧不暇時，置於其下，除了自求多福，你還可期望什麼？而由擋土牆砌成的斜坡，風水上稱為鬼臉，單從名字相信大家已可領會一二。

「中國風水學不僅是關於環境景觀優選的理論，而且是滿足人們心理和行為需要的天地人合一的哲理，是一種宇宙論的解釋。」[03]

03 亢亮、亢羽編著：《風水與建築》，天津百花文藝出版社，1999 年 2 月，第 210 頁。

看風景也看風水

陽宅風水的好壞，第一步由景觀判別，這是我們和自然環境之間的一種連結，彼此在無形中建立了一種對應關係，也就是風水的概念原型。舒適的定義，背後必然是與環境和諧共生，過則亢陽，不及則陰損。清代才子，又有富貴閒人之稱的李漁，對生活藝術素有研究，在《閒情偶寄》中談及居宅的設計稱：「務使虛實相半，長短得宜。」虛實，是陰陽的外化，陰陽平衡，代表人處於一個適當的位置、適當的時空之中；否則就感覺不和諧，那就是風水不對了，其實說來跟近代的環境心理學頗為相似。一些琅琅上口的風水術語，諸如陰陽、四靈、五行就是要求和諧與平衡的符號，滿足人的本能中自我保護機制，就能自行察覺出吉凶，加上視野充滿美感愉悅，便是好風水。只要直指本心，也能打開風水的帷幕，領會到箇中真義。

公道自在人心

所以，大家不難明白即使大部分人不懂風水，都能不約而同指出某區風水好，某些區風水不好。例如港島南區和西貢等地，山巒起伏，海天一色，充滿大自然和諧氣息，令人賞心悅目；外島星羅棋布，猶如層巒疊嶂，不見缺口，產生翕聚效應，難怪是許多人的理想家園、心中的宜居之地。擇居於此，餘者只要建築形制相符，佈局合理，就是好風水的選擇。反過來，坊間認為風水不好的地方，通常在鬧市之中，人煙稠密，既無大自然環境潤飾，又遭樓景包圍，感覺處處受制，而且煩囂嘈雜，儼如一種感官暴力，人像遭受淩虐，變得心情浮躁，容易家嘈屋閉，可以選擇的話，都避之則吉。看，風水的基本就這樣簡單的一回事——相信跟環境的連繫，相信自己的感受。

超脫文字，觀照本心

常說一幀圖片，勝過千言萬語，眼前景物賦予你的感受，比起詳細的解釋更有力量。風水上一些術語，諸如「理」「氣」「數」等「專有名詞」，都不是肉眼看到的東西。不過，大地上許多事物，皆借其外觀形象，潛藏地反映著「理」「氣」「數」的原則，沒考究風水的人，完全不必為不理解這些術語而在意，周遭的環境和建築形制已經給予了你足夠的提示。《易·繫辭》託名伏羲稱：「仰觀天文，俯察地理，近取諸身，遠取諸物」，於是始作八卦，清楚說明了八卦等術數元素是融合天地人的產物，從觀察自然環境而來。類似天人合一的概念在古代早早已經成形，筆者認為，伏羲不過是先民集體智慧的象徵，用風水感悟天地，才是先民的原意。到東漢《參同契》亦稱：「上察河圖文，下序地形流，中稽於人心，參合考三才」，大意亦如此，反映這觀念一直傳承，我們今天憑感覺初步看風水，不用太驚訝，克紹箕裘而已。

如果感覺不對，處境不自在，根本不須考慮其他。試想像一下，基於各種不同理由，明明你不喜歡這房子，不過，可能是身旁的經紀殷勤地窸窣絮語，努力遊說，或者你邀請的風水師不斷說好，用各種你聽不懂的專業術語哄抬，你經受不起說項，最後屈從，遷進了這所房子，然而你認為你會住得愜意嗎？別忘記住的是你，不是其他人，要以自己的感覺先行。

至於後來的風水理論，是對空間認知的提升，也是對自然的一種歸納，以元素來說，是找到了有機的配合；以時空而言，是找出了有序的規律，有節制地利用和改造自然，再以人工施為的建築形式加以配合，創造良好的居住環境。若要再求精準，中國風水對住宅位置和環境分得更仔細，有所謂曠野之宅、山谷之宅以及井邑之宅等，各有不同側重和考量。前二者與周遭自然環境關係密切，後者則更多涉及城市建設和鄰里之間的人文因素。但筆者認為都是後話，理論再多，只是一種演化，基本始終是你的感受，本末不能倒置。

睡床四面無靠

按此原則，一些壞風水的例子，根本毋須筆墨表述，單憑感覺已足以言傳。今天的理想房子，為表現空間寬敞，喜說三邊落床；不說四邊，因為暗示床頭有靠。坊間通識，若無靠則無助力，會招惹小人，又會漏財云云，甚至引用科學觀點，稱若床頭長期有空氣流動，衝著頭頂，會造成頭痛頭暈等等。是否有如此徵驗，未見有詳細統計。筆者只知人躺於床上，由於視線無法觸及後腦範圍，代表處身的空間存在不確定變數，若床頭無靠，安全感成疑，特別在夜闌人靜時，人快要入睡而失去判斷能力，更加會心緒不寧，影響睡眠質素。況且，床邊四面無靠，通常只見於靈堂之上，供人瞻仰遺容，對愛講意頭的中國人來說，認真大吉利是。因此，孤零零一張床放房中央本身就令人不安，憑感覺已有答案，不需要講風水。

自有一道平衡在

筆者老是談風水孕育於大自然，大自然又自有平衡之道，可有實例支撐？

有一間科普機構名為「星球研究所」，在其製作的一輯名為《中國從哪裡來》[04]的短片中，談及在全球北緯30度線的地方，從北非到西亞，無一例外受到行星風系影響，出現大面積的乾旱地帶。唯獨中國由於青藏高原的抽吸效應，吸引了東亞季候風的豐沛

04 《How Did China Come To Be: A geographic perspective | 中國從哪裡來？——以地理的視角》，Youtube 頻道「星球研究所」。

水氣，成為山水宜人的煙雨江南；但也由於青藏高原對水氣的阻隔，令中國西北地區變得更為乾涸，在江南的另一端，形成一片廣闊的戈壁沙漠。隨著季候風吹襲，日積月累下，最終堆積成厚度高達四千米的黃土高原，乾旱的山陵和充沛的水氣之間構成一種微妙的平衡。人就是要用本心去領會這種大自然的平衡之道，儘管天大地大，相信終究會為人所揭示，而孕育出為適應大自然變化而存在的風水。

中國古時智者老子看得透徹，說：「萬物負陰而抱陽，沖氣以為和。」(《道德經》第42章)「負」就是背負，「抱」就是擁抱。理想的空間都背負著一個多維度體，兼納陰陽，兩者和諧結合，就是理想及平衡的境界。

筆者談風水，盡量少用（雖仍有用）坊間常用的「氣」字，因為風水原本已予人神秘莫測的形象，再用這種無色無味無聲，叫人難以觸摸的字眼，只會越談越玄，越描越黑，對風水「重返正途」沒半點幫助。若略作解釋，此氣通炁，類似於暗物質，風水著作經常提及，如《青囊海角經》：「山水者，陰陽之氣也」，甚至將周遭環境再細分為地氣、嶠氣、門氣、衢氣等等。有人可以洋洋灑灑詳細解釋，先天後天說得不亦樂乎，筆者無此能耐，惟想指出，不妨就把氣當作一種環境氣場，它看不到，不代表不存在。有一種自然能量，需通過人體作為導體顯示出來，你覺得和諧平衡，此氣則吉，否則為凶。

人有自由意志，也各有偏愛，但始終與大自然有所感應。毋須用語言表達，房子是你理想寄住心態的外化，感覺對了，然後才論位置、屋型和間隔等因素。被譽為精神分析之父、二十世紀最有影響力心理學家之一的佛洛伊德（Sigmund Freud）說：「小事相信頭腦，大事相信心靈。」(In the small matters trust the mind, in the large ones the heart.)

大同中小異

好風水，是自然諧協下營造出來的一種宜居氛圍，讓你願意擇居於此。中國人常說的人聚則興，從最基本出發，感覺自在，願意多作勾留，已知是好風水。如果有過這樣的一次經驗，房子就是毋須風水師的風水傑作。《釋名》稱：「宅者，人之本。人以宅為家，居若安，則家代昌吉。」而所謂的天命氣數，就是這樣稀鬆平常，沒什麼大道理。

不過，有一點值得一提。風水的吉凶，初念雖來自人的感覺來判別，但至於感覺的好壞，則出於自小培養的認知概念，或不同的民族觀形成。此話怎講？中國人一般內斂含蓄，所以居所喜置於山環水抱的四神之中；西方人較開放坦率，在山頂居住不以為忤，例子有我們熟悉的秘魯天空之城，海拔高達3,400多米，或者是建於峽谷之上的西班牙小鎮隆達（Ronda），以至把房子建在懸崖邊，或面向無邊際大海的例子亦不罕見，不介意孤寡。因此，風水原則並非一套放諸四海皆準的理論，一方水土養一方人，何況跨越國界，遠離中國千里，必須按各地生活習尚作出調節，類似例子在以後章節還會再談。

◉ 秘魯天空之城

◉ 西班牙城鎮隆達（Ronda）

【延伸閱讀】

郭璞猜想、楊筠松猜想、蔣大鴻猜想及其他

本章談入屋憑直覺，便大概知風水好壞。憑直覺，即是無法肯定，廣東話俗稱「估估吓」，筆者於是也直覺地想起一個詞語——猜想。關於猜想，有兩種理解，一是作廣泛應用的動詞，是猜測、料想的意思，同義詞還包括推測和猜度等；一是供數學學科專門應用的技術名詞（technical term），指根據不完全的資訊所下的結論，目前還未能得到證實或反證，從而決定真偽，只能先假設它是針對某些問題提出的答案。

筆者狐疑，從語境來說，怎麼後者的定義跟風水的理論如此相似？風水界針對某些問題的答案也有許多猜想，先介紹以下幾位「知名學者」。

(1) 郭璞：魏晉時代人，著有《葬經》，顧名思義，就安葬問題具體地講解相地之法，其中「氣乘風則散，界水即止」一句，首次提及 「風水」二字；至於它的應用原則，則稱「古人聚之使不散，行之使有止，故謂之風水」。「聚之使不散」，即藏風，「行之使有止」，即聚水，被廣泛視為風水文化正宗，郭璞也是公認的風水大家。

(2) 楊筠松：唐朝人，著作已見前章。就風水中經常述及的龍脈，《撼龍經》中提出中國山脈的格局，以崑崙山為天下祖山，並將北斗九星體系應用於山巒之上，各有形態、特性和五行；其次，兼論山龍和平洋龍擇穴的區別、彼此吉凶禍福的關係，後代經常引用書中觀點及行文，奉之為金科玉律。

(3) 蔣大鴻：明末清初人，著有《天元五歌》、《陽宅指南》、《水龍經》等書，被譽為地仙。有一點較為特別，蔣大鴻不單提出自己的理論，還對當時業界魚目混珠的風水加以貶斥，著有《地理辨正》、《平砂玉尺辨偽》等書既辨正又辨偽，嘗試釐清風水耳目，主持公道，儼如風水界的KOL。

筆者對風水感興趣，對以上幾位風水大師的理論亦有所涉獵，同時經過一些親身體會，也「傾向相信」箇中部分論調。然而，若有人把風水與科學糾纏，用後者專屬的嚴格標尺，嘗試對風水的理論作出驗證，希望得到百分百證實真確，恐怕對焦失誤，白忙一場。

探討風水與現代科學的關係，是一個老掉牙的課題，相信風水的人，出於自信，也出於希望討得群眾的信任，千方百計，見縫插針把科學精神貫注在風水的演繹之中，借題發揮。著名例子有上世紀三十年代在上海出版的《二宅實驗》，封面特別強調是「東方的科學」。無疑風水中一些論調，可以用科學解釋，例如環抱水的觀念，風水上視之為吉，按物理學之解釋可見前文，不贅；又或者所謂「三陽不照，是為不吉」，也可理解為一間屋長期欠缺足夠陽光，紫外線不足以殺菌消毒，自然有礙健康等等。

不過，風水始終不是科學。科學的精神是在同一環境下做一百、一千個實驗，都會得出相同的結論，成為無法辯駁的定律，風水有可能嗎？同一格局，某人入住吉，某人入住凶，是常見的事。今年病符在西，是否掛個葫蘆或風鈴，就安然無恙？即使無恙，究竟是歸功於風水擺設，還是命主重視身體管理，注意飲食，又經常做運動？或兩者皆是？

今年文昌位在東，明明那裡放了四枝竹，窗外又山峰明秀，怎麼考DSE還是鎩羽而歸？應該怪自己讀書不夠勤力，或者文昌竹失靈？又或兩者皆是，或兩者皆非？風水關乎地理，也涉及人事，涉及其他變數。太多的可能性，堵塞了風水踏進科學的門檻。

同樣道理，不論是郭璞、楊筠松或者蔣大鴻，不管在風水界的地位多崇高，他們的理論也無法得到百分百的證實，所以他們的理論，只等如數學科的猜想。風水的處境棘手之處，是難以完全證實，又難以完全證偽，似是而非，似非而是，長年累月半天吊，信者自信，不信者自不信。而且風水有部分屬於精神寄託範圍，形神皆虛，無法捉摸，更難以被考證。

筆者同意，風水理論許多都充滿智慧，累積了前人細微的觀察，總結個案經驗，寫成法則，類似今天大數據下的產物。然而正因為強調大數據，一些偶發的事件，由於個案數目太小，無法滙集和分析，不足以得出可靠結論然後存檔，成為大數據中的資料庫。

有學者提出「可否證性」(falsifiability) 原則，又稱為可反駁性 (refutability)，即任何假設都可以測試其為錯，不能否證的就不是科學知識。風水弔詭之處，在於其無法測試為對，也無法測試為錯，那怎能跟科學相提並論。

筆者認為，風水猜想與數學猜想最大的不同，是後者雖然有部分是世紀難題，但假以時日，有志者施以無窮心力毅力，有時再加上一點運氣，始終有破解的一天，令猜想成為定律和定理；而任由業界大師和信徒如何聲嘶力竭宣揚吹噓，風水恐怕在以後十年、百年、一千年，永遠停留在猜想階段。風水並非完全是科學，放進科學範疇的數學科語境，根本衣不貼身，兩不討好。至於其他古往今來數之不盡的術數理論，恐怕也不會例外。

筆者人微言輕，也自知量力，不會試圖改變這種不可能改變的局面，只想弱弱一問，何必只用科學這一把尺來衡量森羅萬象的世事？世上總有一些無法解釋的事情，我們不要硬是去碰科學，科學也不必碰我們。

事實上，風水永遠作為一種猜想又如何？有些事情，不是是非題，非黑即白，如果我們沒有容納多元的胸襟，出問題的不是風水，不是數學猜想，而是自恃是智慧生物的人類。

有三百六十個角度，為何只堅持一個方向？

——薩哈・哈帝（Zaha Hadid），伊拉克裔英國建築師

第四章

薩哈·哈帝是建築界的女皇，她是第一位也是至今為止唯一一位獲得英國皇家建築師協會皇家金獎 (Royal Gold Medal) 的女性，創意不凡，用作品說話，造就了許多建築經典。然而，若把她的識見放進傳統中國建築，恐怕大有斟酌餘地。中國的宮城建築，的確只堅持一個方向，出於這裡重大的政治考量，以及獨特的地理氣候環境——除了坐北向南，子午向，別無其他。薩哈·哈帝也許並不知道風水上，一個方向具有一個無法取代的特殊意義，所以必須堅持。

西方人辨別方向，吉凶無關；中國人辨別方向，關係重大。

《周禮》開宗明義第一句：「惟王建國，辨方正位，體國經野，設官分職，以為民極。」統治者建設都城，首先辨別方位，確立位置，然後佈局，讓百官各安其位施政。

在第一章提及，《太保相宅圖》記載周朝遷都洛陽事蹟，太保 (即周召公) 旁有人哈腰定神望向一物，相信是指南浮針，為宮城定向。至於相關的出土文物，不遲於東漢已有發現，在河南南陽出土的一塊石刻，上面有一個小勺子置於方台之上，旁邊有一位頭戴官帽，疑是主管天文地理事務的官員，跪坐地上定神觀察；至於文字記錄，更加不計其數。過去，中國人是從空間認識時間，太陽早上在東，黃昏在西，知道過了半天；翌早太陽又在東邊升起，那是一天的概念。商周時期利用圭表辨正方位，便可以審時度勢，以此為根據計劃農事，釐定節氣，安排活動，在在突顯出空間方位的重要。

古人生活仰賴自然法則，因此恪守天道，經常心存敬畏，努力對時間和空間進行探索，所以風水又名玄空。玄指上天，即時間；空指空間，風水就是時間和空間的配合，合則吉，不合則凶。

◉ 河南出土的東漢石刻

廿四山向各具意義

風水經過長年經驗累積和結果實踐，釐定出嚴格的空間劃分和認知，不同方位各具不同意義。在東南西北（四正）和東北、西北、東南和西南（四隅）八個方位之上一分為三，分別稱為天元龍、地元龍和人元龍，得出合共廿四個山向，各有意義（讀者有興趣，可參閱宋朝賴文俊的《催官篇》等），中間還涉及兼線、分金、空針等技術名詞，容不得一點含糊。

在中國，出於身份和利益考慮，尤其是帝皇，許多時候的確只能堅持一個方向。我們要知道，坐北向南的含意遠不止一個0至180的角度。正如在前一章指出，自北向南的中軸線，代表一個由上而下，由天至地的君權神授，失去了這個象徵，它的權力和權威就會受到質疑，動搖管治。中國四大發明之一的指南針，也是這種觀念下的產物，對坐北向南的嚴謹程度，是南北對調也不容許，因為它代表主次易位，君卑臣尊，例子請看前作南宋臨安城的篇幅。由此可知，方向對於中國人意義有多重大。這種文化基因，不限於帝王將相，時至今日，坊間民眾也有一般認知：「千金難買向南樓」，坐向成為一間屋的重要考慮因素，本章就揀選幾個方位略談，看看由古到今如何演化。

但莫嫌筆者長氣，切記方向只屬風水一部分，還要考慮大局形勢、水法和宅主年命等因素，避免以偏概全。

(1) 向南

「司南意識」最早源於先民時代，對地磁恆常的指南現象難以理解，只覺得力量強大，由畏懼變成極度崇拜。在殷墟甲骨卜辭中，明確記錄了人們對南方的重視，「它表明，司南意識在殷代已根深蒂固，成為治國理政的一項重要決策依據，先秦百家爭鳴，激烈論辯，其中心內容恰恰是君人南面之術。」[01]於是，聰明的統治者巧妙利用臣民對南方的敬拜之心，宮城佈局刻意配合，加上地理氣候的原因，中國的傳統王城，十居其九坐北向南。

早在夏朝，二里頭遺址的宮殿已經確立了這個準則，商朝雖多次遷都，南北向格局維持不變。西周東周分別定都於長安洛陽，隋唐長安城踵事增華，上襲曹魏鄴城的中軸線傳統貫通南北，下啟宋元明清歷近千年的宮城。即使在外族統治的朝代，坐北向南的建都金科玉律從未動搖，明確的傳統方位意識一直流傳。而就民居而言，禮制上雖與宮城不同，但二者的本念皆出於與自然生態環境配合，滿足宜居條件，所以宮城選址和坐向的一些通則亦適用於尋常民居。

以北京四合院為例，十居其十坐北向南，王維仁教授在前作序文中稱：「（華北平原）北側層層山脈不但阻擋了冬季的北風……夏季南風帶來海洋溫暖的氣流，穿越江面夾帶著濕潤的水氣，吹進四合院面南開敞的廳堂，和城市的大街小巷。」（第7頁）

01　吳桂就著：《方位觀念與中國文化》，廣西教育出版社，2001年1月，第34頁。

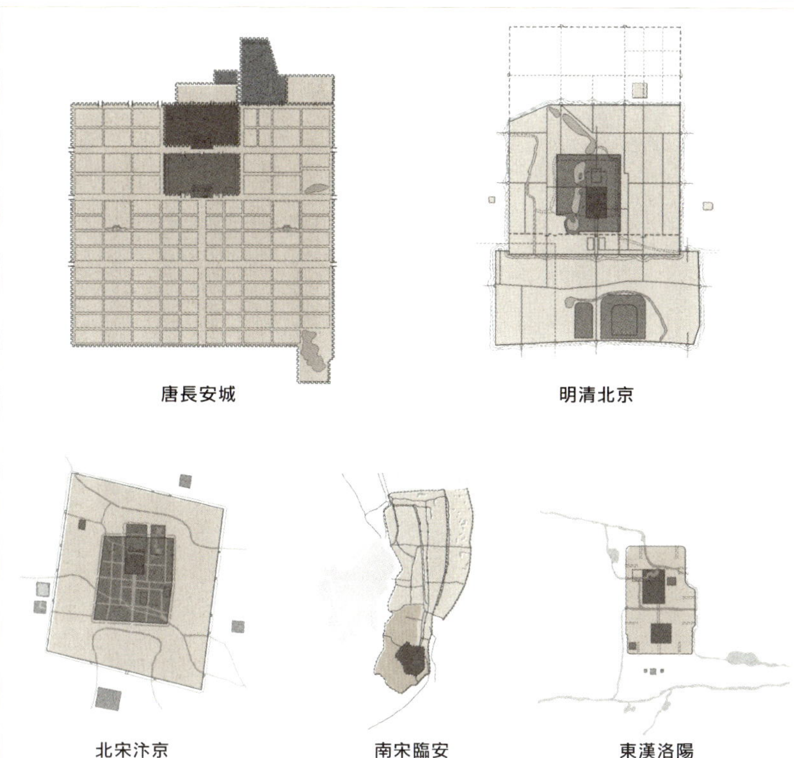

◉ 歷代國都（按面積比例）

用風水的語言，稱之為北實南虛。一間屋分為坐山和向首，若坐北，按八卦劃分，稱為坎宅；坐南，稱為離宅。坎屬水，屬陽；離屬火，屬陰。以中國地理氣候而言，格局上坐北向南，能做到一實一虛，陰陽平衡，滿足追求和諧的要求。

第三章引述了清朝李漁對屋宅設計必須虛實相半的要求，此外他也有談及屋宅的取向。這位古代生活美學家，在《閒情偶寄》中建議一般人應千方百計以南為向，若不可得，則以開門等形式遷就，稱「則面北者宜虛其後，以受南薰；面東者虛右，面西者虛左，亦猶是也」；若受制於外在環境，「如東、西、北皆無餘地，則開窗借天以補之」，反映古人對向南開門的堅持。

天氣風水

嫌北京四合院距離我們太遠，地理緯度不同，作不得準？又懷疑古老智慧有否過時？感謝香港天文台，它的網站上有一個「天氣風水」選項，作為一種教育資源，從科學角度圖文並茂向公眾講解氣象與生活，中間涉及對風水理論的詮釋。關於向南向北的分別，看看它怎樣說？

就位置而言，香港冬季時，太陽總在南面出現，「向南樓」讓陽光曬進屋內，室溫變得暖和；相反，夏季時，太陽大約在香港上空，接近夏至時，更會移向稍北位置，向北樓於是吸納更多日光，變得熱上加熱；而就氣象而言，「向南樓」背向北面，避免受到寒冷的東北季候風正面吹襲，夏季時則可享受從南而來的清風，降低溫度。天文台還特別指出，在鄉郊地方的樓房北面種樹可以擋風。「總括來說，『向南樓』是冬暖夏涼的。」

關於北面種樹，又與風水有關，筆者可以略作補充。在高度城市化的香港，竟還保存著不少風水林，據漁農自然護理處統計，共有116座（2012年），規模較大的包括荔枝莊、荔枝窩、上禾坑、梅子林和城門等地，而曾位於港島南區南風道的風水林（現已遷拆，僅餘部分林木），正是傳統坐北向南格局。一般風水林，前臨低矮的田野，背靠山巒，並且會在山上種樹，一來減少水土流失，避免山泥傾瀉損毀房屋，二來產生氣候對流作用，在夏天感到涼快，而且種樹亦可享植物收成，一舉數得。實際益處和精神益處兼備，解釋了何以古人篤信風水，遵循風水做法。

無巧不成書，香港城中巨富聚居的南區，就是坐北向南的格局。深水灣和淺水灣背後是聶高信山和紫羅蘭一帶山巒，面臨南中國海，符合中國傳統的要求和宜居的條件，加上大局合度，成為理想風水居所。

◉ 筆者攝於荔枝窩風水林

(2) 向東南

八卦廿四山中，東南向恐怕最令中國人頭腦發熱，因為在後天八卦，此方為巽，五行屬木，代表文筆、靈氣，天上也有一顆掌管科甲聲名的文昌星呼應，所以東南是文昌位所在。中國人熱衷功名利祿，「十年窗下無人問，一舉成名天下知」，窗下讀書，成名在中舉。追求名成利就，古代唯有讀書高中一途，所以對文昌位最為看緊。大至一個城，小至一間屋，東南方別具特殊意義。

宋朝國勢疲弱，屢屢稱臣於外族，然而論文化之盛，可能是歷朝之最。四水滙集的汴京城，汴河及蔡河皆從巽位流出，大動文昌之氣，影響所及，唐宋古文八大家中，宋朝佔六位；中國古代的「四大發明」，除了造紙術之外，其餘三項：指南針、火藥、活字印刷均出現在宋代，以至影響亞洲諸國的茶文化，在宋代發展至顛峰，被茶學界稱為「龍鳳盛世」；宋徽宗更是被文學才華耽誤了的皇帝，首創的瘦金體被視為一種書法的開端，甚至成為今天的電腦字款；其親手繪製的《瑞鶴圖》，以精妙繪畫技法，描繪了群鶴盤桓於宮殿之上的壯觀景象；還有張擇端的《清明上河圖》，也在中國繪畫史上添上絢麗一筆。

明清紫禁城在佈局上，視風水作為宮城和城市規劃的重要考量因素，將有關讀書、科舉的建設皆置於城內和城外的東南面。城內有文華殿，為配合巽屬木，色尚綠，殿頂特色是覆蓋綠琉璃瓦，專供太子們讀書之用，後來成為皇帝經筵講學的地方；殿後為文淵閣，是皇室專用的藏書樓，職責保存實錄、聖訓等皇家史冊；城外有貢院，由禮部管理，全國秀才在此應試，亦即闈場。

◉ 文淵閣建築形制有別於紫禁城一般的黃頂紅牆設計，屋頂覆黑琉璃瓦，綠琉璃瓦剪邊，利用五行生剋原理，黑屬水，能剋火，避免藏書遭受火災；樓下六間，樓上一間，取河圖「天一生水，地六承之」原理，亦意在防火。

東南文昌位的風氣，由宮城吹向民間，北京四合院雖然坐北向南，但並非在正南面開門，而是別有用心地開在東南方，目的正是納文昌之氣，有利讀書功名。四合院著名的住客包括梁思成、林徽因這對傳奇學術和文壇伉儷，他們在1931至1937年間住在北京北總布胡同三號，正是兩夫婦學術成果的高產時期。梁思成應中央研究院的要求，完成了對北京故宮全部建築的測繪；而被譽為中國第一位女建築師，也是文學家的林徽因，這段時間聯袂梁思成進行全國古建築考察和調查，合作發表了《論中國建築之幾個特徵》等書，對業界貢獻良多。

此外，中國作家協會主席、著有《農村三部曲》的著名文學家茅盾，以及京劇泰斗梅蘭芳，分別在文壇藝壇聲名大噪，他們在北京的四合院故居，亦無一例外開東南門。

從方位到神祇

香港也有文昌帝君，分別寄身在上環荷李活道和大埔的文武廟內，廟內有另一位同屋主，就是我們熟悉的關帝。文昌帝君是掌管文章和考試功名的神祇，農曆初三文昌誕，信眾會帶同葱和芹菜（取其諧音聰明和勤力）專程拜訪，進行開筆禮，又稱破蒙。另一個拜文昌帝君的熱門選址，是灣仔皇后大道東的洪聖古廟。有趣的是，此廟的同屋主更多，供奉多位神明，包括洪聖大王、太歲、包公、華佗、華光大帝，還有金花夫人和花粉夫人，各具不同神通，男女老幼到此拜謝，一次過滿足所有願望。而位於元朗屏山文物徑的聚星樓，又名「魁星」，則是作為文昌塔之用，是一座催旺讀書考試及功名的法器，據說立此塔後，鄧氏人才輩出，尤其在明清兩代多人高中。

學校風水

既然文昌與讀書關係密切，兩岸不少學校直接以文昌命名，香港雖然沒有類似例子，但從筆者觀察所得，桃李不言，下自成蹊，東南文昌位似乎隱隱然起著利讀書功名的作用。

談起香港的傳統名校，英皇書院必然上榜，建校逾百年，歷來名人輩出，校舍經歷多次搬遷，最後選址在港島西半山般咸道。校舍建築形制四方圍攏，有別於一般依山而建、坐南向北的建築物，英皇書院背靠維港，坐北向南，呈坐空朝滿，倒騎龍的格局。面向般咸道，卻不在此開門，反而斜開在般咸道和西邊街交界，正向東南面的漢寧頓道，行人或汽車沿此路經過，風水上等如帶動了文昌之氣。最巧妙是在漢寧頓和般咸道交界設一燈位，汽車既帶氣而至，又適時停下，緩急有道，避免直衝而下，氣勢太猛，失卻平和。這還不止，漢寧頓道和般咸道之間還有一條聖士提反里的行人路，在英皇書院東南面滙合，連同西邊街四水交融，英皇書院大門前文昌氣大盛，令全校得到庇蔭。

無獨有偶，另一百年老店，位於港島麥當勞道上的聖保羅男女中學，附近道路結構亦相似，麥當勞道長約不足10公里，僅得數條往上爬的分叉路，恰巧就在學校的東南方，有一條名為歌老打路(Calder Path)的行人徑與麥當勞道滙合。原本一條行人小徑，如果人跡罕至，風水上力量不大，恰巧這條歌老打路是學生平日上學放學的必經之路，人氣旺盛，兩道路相交，牽動了文昌位，造就了另一所讀書成績出眾的名校。

◉ 筆者攝於漢寧頓道口，顯見學校大門開在般咸道和西邊街交界，門前燈位巧妙造成聚而不沖的效果。

◉ 漢寧頓道

◉ 聖士提反里

扭向東南開門

另一例子是九龍城民生書院小學部，同樣創校極早，至今已有近百年歷史。民生書院位於南北走向的聯合道及延文禮士道之間，面向南面東寶庭道，按一般做法，民生書院順理成章向正南開門，與聯合道及延文禮士道並排而立，佈局較為工整歸一。不過，現況是大門側向東南面，跟嘉林邊道對接，似乎是刻意「扭歪」，迎接文昌位之氣，符合學校性質。當然，這只是筆者的猜測，加上年日久遠，已經無從證實。惟民間看風水的風氣，由宋代開始已經形成，不論官學學舍或民辦書院都有看風水的文獻記錄，相同情況一直延伸到清末民初，尤惜陰和策群等人記載了多個風水個案，輯錄成《宅運新案》、《二宅實驗》等書籍。而私人辦學者亦多為華商，普遍深受中國文化薰陶，有理由相信他們將風水概念應用於學校選址和佈局上，所以學校刻意門開東南亦屬合理推斷。

◉ 民生書院門口。圍牆呈直線，按理大門口應順牆而設，現卻呈 45 度轉角，頗不尋常，除為了迎納東南文昌氣以外，筆者還沒想到其他原因。

筆者必須再次強調，基於二元論原則，陰陽既對立亦調和，不存在絕對吉凶，因此風水其實無所謂好壞，所謂好風水，重點在於理氣與建築物性質適配，文曜利學校，破軍卻利車房，如此而已。反之，不適配即為壞風水。只是一般人考量風水往往喜以自身利益為視角，故視窮山敗水為壞，殊不知此等風景正是古剎佛寺等方外之地的良田，不知風水多好。

歷史的偶然

上文舉例談及的英皇書院、聖保羅男女中學和民生書院，分別由不同辦學團隊創立和經營。英皇書院的前身是西角官學堂，由港英政府成立，屬官立學校；聖保羅男女中學由教會主辦，屬直資中學；民生書院由華商出資興辦，屬津貼學校。三者背景不同，卻不約而同注入了風水元素，筆者認為只屬一個巧合，相信除了民生書院以外，餘二者並無風水介入。考慮到英皇書院和聖保羅中學創立時皆為洋人辦學，其時中國積弱，遭受列強欺凌，「長夜難明赤縣天，百年魔怪舞翩躚」，中國傳統的政治制度和社會文化，欠缺足夠說服力吸引別國仿效。因此筆者認為，兩所學校在東南文昌方位用事，繼而成為名校，純屬歷史的偶然，風水上大局渾然天成，所在多有，也不止此二例，反正巧合才能造就大局，看各大古都遭遇便知。

(3) 向東

太陽升，東方紅，兩者已混為一體。

太陽孕育萬物，充滿生命力，帶來溫暖和光明，沒有太陽，人類就會滅絕。所以自古到今，人們對太陽具有一份特殊的敬意和仰慕，稱為太陽崇拜，在很多國家的神話中太陽都是核心的神，世界各地都有相關習俗和儀式。在中國，早在仰韶文化時期（距今約六千多年）的半坡遺址中，一般民居皆朝向遺址中心，代表一股向心力的醞釀，唯獨在中心區域，一座相信是用來商議重大決策的巨型建築物，門口不偏不倚朝向東方，被認為是紫氣東來的出處，神明能夠賜予力量，帶來吉祥；而同在半坡遺址的墓葬區中，死者的骸骨則是面向西方，這種東起西滅的意象聯想，相信也與太陽崇拜有關。

◉ 甲骨文「子」字

秦始皇所建的咸陽城，城內主要宮殿及建築物一般取向坐北向南，獨獨在渭水南岸有一所信宮，據《史記》記載，乃作為祭天所用的極廟，以象天極，坐西朝東，並以此為起點修築道路，通往東面作為鎮山的驪山，顯見東向建築物從古代已有先例可援。

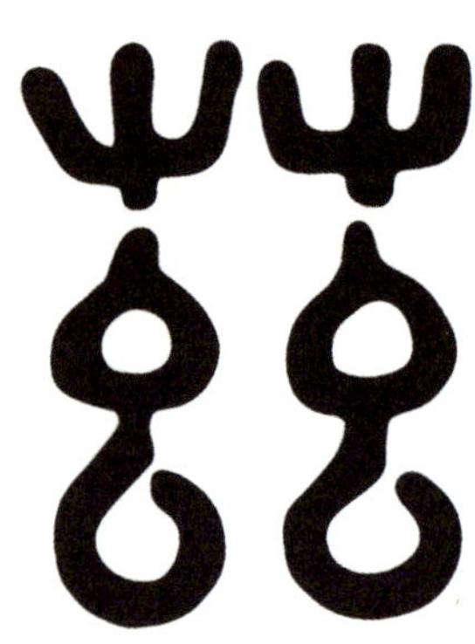

◉ 甲骨文「茲」字

而十二地支的組成與命名，也與每天太陽的運行軌跡有密切關係。以地支之首的子為例，子時對應現在晚上11時至翌日1時，子在甲骨文中的寫法（見圖），取象嬰兒尚在母胎中的捲曲形狀，與茲同音；茲為兩個玄字，玄者，是晦暗不明的意思，晚上11時太陽當然黯淡無光，故取子來標示這時的太陽狀況。又或與子時相對的午時，代表中午11時至1時，其時陽光正猛烈，陽氣最盛，陰氣始生，二者抗衡，為之忤逆。午通忤，故謂午時。餘下十個地支也可按同一邏輯解釋，惟篇幅所限，暫且從略。

朝向太陽

關於太陽崇拜，不只在中國盛行，在世界各地也有類似的執行形式，包括朝鮮。筆者幾年前到訪當地，獲安排前往平壤萬壽台，參觀為紀念朝鮮第一及第二代領袖金日成和金正日的銅像。高23米（約八層樓高）的銅像巍峨宏偉，氣勢懾人，而這兩座銅像的擺位，背後經過一番精心考量，面向正東方，遠處並無高樓大廈遮擋，好讓每天平壤市第一縷晨光，照射到偉大的領袖銅像面上，儼如紫氣東來。而在萬壽台以南的金日成廣場（即我們在傳媒上常見的朝鮮地標，每年舉行閱兵儀式所在地）也同樣是坐西朝東，與大同江的主體思想塔隔江相對。兩個國家級建築物同一佈局，顯然是刻意經營。農業一直是朝鮮支柱產業之一，重視太陽很容易理解，況且領導人亦可藉此與天並論，崇拜太陽，等如崇拜領導人，作用跟中國坐北向南相似。

◉ 筆者攝於萬壽台前，建築形制方正，左右對稱，充滿秩序感，頗有中國宮廷建築神髓。

和中國相隔半個地球的南美洲，也有太陽崇拜的現象。位於秘魯的馬丘比丘（Machu Picchu）被喻為「天空之城」，那裡有至今還保存良好的拴日石（Intihuatana）和太陽神殿。拴日石顧名思義，當地的印加人希望拴住天上的太陽，不要讓太陽跑掉，好讓每天按一定軌跡升降，沿著自然規律，得享太陽帶來的好處。

風水林取向

風水林常見於嶺南地區，選址離不開枕山環水，高低呼應。位於香港東北邊緣的客家村落荔枝窩，村民務農為生，十分依賴自然環境的氣候和生態。當地有一座風水林，取向坐西向東，寓意採納日光，有利植物茁壯生長。需知道，植物成長的好壞，在風水上是一個家宅運勢的徵象，稱之為兆頭。植物欣欣向榮，兆頭好，心裡高興；植物枯萎不振，彷彿也跟家道掛鈎，晦氣多，諸事不順。

◉ 風水林必然背靠山丘，作為屏障，山上栽種不同樹木，一來防止水土流失，二來可採摘樹上所出，作為藥用及食材資源，因此居民極力避免砍伐，堪稱中國古代的環保先鋒。風水林前多是河流及低地，產生對流作用。圖為筆者攝於荔枝窩。

前段引用的香港天文台網頁，也有談及方位向東和向西的分別。「天氣風水」一欄指出，香港盛行吹東風，較少吹西風，風力亦較弱，「向西樓」少有清風送爽的感覺，在悶熱翳侷的香港，較為當風的「向東樓」自然受到偏愛。而就日光來說，東西向同受日照影響，分別在於「向東樓」早上便受到太陽照射，屋裡的混凝土吸熱後在午後開始散熱；「向西樓」受熱情況一樣，但那時已是下午，因此 「向東樓」早暖早涼，「向西樓」遲暖遲涼。但別忘記，香港人普遍早出晚歸，「向東樓」散熱時不在家，不受影響，而且早上感覺像被自然光叫醒，格外精神煥發；「向西樓」則經過一天勞累，晚上回家還要受室溫煎熬，感覺難免不爽。

住宅單位向東，日光充沛，不止一間屋，連一個人也受影響。《黃帝內經·素問·生氣通天論》稱：「故陽氣者，一日而主外，平旦人氣生，日中而陽氣隆，日西而陽氣已虛，氣門乃閉。」向東自然能夠吸納較多陽氣，健康的起居習慣，應該追隨日光規律。從常識得知，多吸納陽光，陽光中的紫外線能殺菌，有助提昇免疫力，身體也會產生大量維他命D，防止骨質疏鬆等。

反之，單位內若陽氣不足，陰氣重，家宅中人精神不振，易多病痛，彼此關係也容易變得冷漠。若要解釋不難，長年缺乏陽光，抵抗力變差，自然影響生理健康。最極端例子，北歐這些高緯度國家，有半年時間日照極短，踏入冬季，甚至有幾個月時間太陽不見蹤影，在心情極端鬱悶下，看不到象徵希望的太陽，於是走上自戕之途，當地自殺率全球偏高。

此等三陽啟泰和三陽不照的說法，也是風水與科學扯上關係的常見呈堂證供。

(4) 向西北

前作中提及西北方屬後天八卦的乾卦，為天，為君，為尊，八卦之首，此因風水取材自整個中國地理大格局，西北方為高聳入雲的崑崙山所在，中國人說的高山仰止，總是懷著敬意，因之對西北方也賦予崇高地位。建都的大格局，「乾山乾水水流乾」(《天玉經》)，視西北方來龍和來水為大局關鍵，歷史上最早的兩個宮城——夏朝禹都陽城和商朝安陽城，不約而同地皆由此方來水；迄至明清北京紫禁城一脈相承，水源也是來自乾方的玉泉山。顯見西北方對古代宮城佔有淩駕地位，威望壓一。

然而，風水上來龍是一回事，坐向是另一回事。前者關乎外圍形勢，後者涉及佈局串連，上述宮城雖然都是西北來水，宮城本身坐北向南；若以玄空飛星而言，基於安星規律，向西北方反而有氣運短促的毛病，即使坐向合度，旺極最長也不過20年，所以大局來龍西北與門向西北不能混淆。

舊式廣府話有個說法，將三餐不繼，空著肚過日子或是生意沒有收入形容為「食西北風」。何以不是西，不是北，而是西北？有兩個說法。一是香港位於中國東南面，迎來西北吹來的風，由於地緣位置關係，西北風都帶著寒意，不容易消受；二是「食西伯(即周文王)風」之誤，得不到文王良政善治庇蔭，只有望風來自我安慰。姑勿論何者正確，西北向的意象始終欠佳，只喝風渡日，生活也夠窘迫。

放諸實際環境，位於香港西北方的元朗和屯門，被譏為大西北，路途遙遠，風評歷來毀多譽少。兩地面對水大無收的珠江口，食正西北風，山頭長年遭受風雨侵蝕，導致大量水土流失，樹木草坪無法生長，露出嶙峋怪石，鋪滿整個山頭，從深井開始，一直延伸至龍鼓灘，越往西行情況越嚴重。在第三章已經指出，中國人見山之起伏，猶如龍之潛現躍動，故視山脈為龍脈，山體沙石外露，代表龍的毛髮受損，自顧不暇，又如何能庇蔭生人。

而山上怪石突出，惡形惡相，風水上視為帶煞之地，不利陽人聚居，反利陰物或帶煞之物累積，所以龍鼓灘一帶人跡罕至，反而多種特殊工業如發電廠、骨灰龕、飛機燃油庫和英泥廠進駐。此地偶爾看日落BBQ尚可以，長住卻不建議。

至於其他方向，本章篇幅已長，有機會再談。

◉ 由於長年受西北風侵襲，龍鼓灘山脈貧瘠，山石外露，附近為爛角咀雷達站及龍鼓灘發電廠，沿龍鼓灘路南行，則為青山發電廠及青洲英泥等，圖中居所夾在中間。

【延伸閱讀】

吸引力法則

筆者前文中提及古都，一地有一地之運。以長安為例，大局符合一國之都講究的強形鉅勢，於是榮膺十三朝古都，甚至是中國國都的代名詞，而其大局，正與風水上的四神全配合，令國都與風水由此扯上關係。至於其他七大古都，情況亦雷同，地運輾轉交替，然而它的本質長存。例如北京，戰國時候做過燕國國都，在第二個一千年中葉之後，又再次成為國都，直至今天。具備國都的條件，就有朝代進駐，選之為都。鄰地哪怕一衣帶水，始終欠此光環，看距北京僅僅百多公里的天津便知，自商周時期即有人居住，卻總無法沾北京的光，躋身一國國都之列，按明成祖語，只勉強成為天子的津渡。

榮膺首都的地運，令筆者聯想起近年坊間流行談吸引力法則（Law of Attraction）。原意是一個以人為對象的理論：「指的是我們可以透過我們的意念和專注，吸引、體現、創造出我們所想要的人、事、物。其原理奠基於世界上的事物都是由能量組成，當我們的思考和所作所為產生相對應的能量振動時，就會吸引到同頻的能量，達到心想事成的效果。」[02]

最早在二十世紀初就有人提出吸引力法則，不過它成為近代顯學，全拜《秘密》（*The Secret*）這本書所賜，作者朗達．拜恩（Rhonda Byrne）提倡「要改變你的狀況，首先必須改變你的想法，當我們思考時，會吸引來宇宙中所有相同頻率的事物，讓自己擁有更多美好，得到更多自己想要的。」

02 《吸引力法則》，MBA 智庫百科網站。

我們中國人也有類似思維，稱之為「物以類聚」，性質接近的東西總常聚在一起，雖然帶有一點貶意，不及吸引力法則中性，然而概念很相似。筆者想指出，觀乎風水的現象，吸引力法則原來不限於人物，也適於事物，地運上同樣存在著這樣一套法則——一個地方具有某種特質，總會吸引著適合那個地方的事物（例如建築物）進駐，儼然隔世宿命。有這種地運，就有這種組合，而且彷彿沒有期滿之日（expiry date），不但未因長久結合而中途仳離，關係反而越加牢固；反之，若然勉強湊合，始終難以長相廝守，像一對怨偶，終究貌合神離，分手收場。說得好像玄之又玄，古都以外，不妨用目下香港的例子說明。

和合石

和合石，原本是廖氏客家人建立的村落，取和諧好合之意，但在香港人心目中，這幅原本是生人聚居之地，恐怕早已等同陰宅陰物的代名詞。

和合石位處的北大刀屻，因其山勢薄如刀刃而得名。北大刀屻從西南向東北橫亘在林村郊野公園內，山脊兩側大多是懸崖斜坡，部分路段甚至設有圍欄，到過這裡的人都知道，必須步步為營，因為一不小心，隨時跌進旁邊懸崖，後果嚴重。這樣一個地方，風水上視為帶煞，一點都不難理解。而刀的前端，也就是刀尖，是最尖而銳利的部分，刺入人體，隨時可致命。北大刀屻的刀尖，就是和合石。

巧合地，全港最大規模的墳場就設於和合石。和合石墳場的出現，有其現實考慮。上世紀四五十年代，大量內地民眾為逃避戰亂湧入香港，令居住需求大增，市區土地不敷應用，政府於是將墳場遷入新界人跡罕至的地方。當時新界的道路網並未完善，選址要顧及容納大量遺體的需要，又能讓市民前往拜祭，決定在九廣鐵路粉嶺站旁興建和合石支線，連接和合石廣場。到七十年代，政府推行新市鎮計劃，粉嶺列入計劃名單之中，和合石支線在發展範圍內，因而被廢置。弔詭的是，和合石墳場卻不受影響，甚至不斷擴展規模，墳場以外，多期靈灰安置所、火葬場等風水上的陰物陸續落成，與原址帶煞的地運巧妙呼應。

◉ 從大埔北玉秀峰西望，是觀賞北大刀屻形如刀脊的理想地點，筆者攝。

外國也頗多類似例子，以香港人熟悉的日本為例，被喻為該國三大靈場之一的恐山，地形外貌與和合石竟也有幾分相似。日本所謂的靈場，既是墓地，也泛指眾多神社匯集的地方。位處日本東北青森縣的恐山，由火山岩形成，充滿強烈硫磺氣味，沿路崎嶇荒蕪，石頭外露，植被稀少，與北大刀屻一般險峻，也同被視作死者靈魂聚集的聖地。這種巧合，一來反映出畢竟陰陽異路，要求不同，對冥界的印象，不管中國日本，皆認為與人間世的樂土大相逕庭；二來也說明了風水從來無分好壞，只關乎所建何物而已；三來吸引力法則確乎到處通行。

◉ 北大刀屻上的金銀二橋，山脊異常狹窄險峻，的確如履刀鋒，名不虛傳。

跑馬地

跑馬地原是金戈鐵馬之地，前身是一片沼澤，隨著英軍進駐，將之填塞建立軍營。不料後來發生瘟疫，許多英軍相繼病歿，於是原地建墳場區埋葬，稱之為Happy Valley，象徵往生的極樂之地，中文稱為快活谷。軍隊遷離後，政府在原址另建馬場舉行賽馬活動。到二十世紀初，又發生馬場大火，共約600多人喪生，悉數安葬在馬場東南面的咖啡園墳場內。

簡單回顧了跑馬地的前世今生，再看看這裡雲集了那些非陽人居住的特殊「建築物」，便容易理解原來一切有跡可尋。

從山光道近跑馬地賽馬會會所而下，先有由何東夫人張蓮覺出資興建的佛教場所東蓮覺苑，沿路而下，連接在香港開埠初年已建成的猶太墳場，香港許多猶太裔的名門望族皆長眠於此。直到山腳是養和醫院，往前是印度廟、袄教墳場、以門前一對「今夕吾軀歸故土，他朝君體也相同」對聯廣為人知的天主教墳場、回教墳場，再前面是黃泥涌道靈灰安置所等等。連串宗教場所、墳場、醫院和骨灰龕等陰物拼湊在一起，堪稱一脈相承；而在客觀條件上，例如山勢和地貌，也必然具備陰神滿地的條件，為此等帶煞之物造就了「好風水」的環境，信焉？

◉ 東蓮覺苑建於陡斜的山光道上，人車上落都增加了危險性，需格外留神，偏偏此等地方卻是寺廟、教堂等陰物的風水絕佳之處。筆者攝。

從地名地標看風水

既然風水宜在入住前看，何妨自己做定功課，按照自己的喜好要求和經濟能力，看看各區有何選擇？對風水不認識不要緊，從地名至少已能看出幾分端倪。

一個地方怎樣命名，背後總有一些原因。這些原因往往決定了當地建築物的屬性，相似例子遍佈港九新界。可有想過，為什麼香港兩所著名殯儀館以及相關店舖都位於紅磡？據1819年的嘉慶版《新安縣志》，該地名為「赤磡村」，1866年意大利傳教士和神父（S. Volonteri）所繪的《新安縣全圖》稱之為「紅磡」。「赤」與「紅」相近，指該地區泥土的顏色。磡是廣東方言字，意為岩崖或下陷的地面，「紅磡」指當地是黃赤色泥土的山岩地帶[03]。紅磡原貌怪石嶙峋，崖壁險澗，屬風水上帶煞之地，反映了本來地氣，所以適合造船業、電廠、英泥廠等重工業進駐；而其北面的何文田，上世紀二十至四十年代本為墳場，安葬在其左側廣華醫院病逝的人，今日的佛光街原是華人永遠墳場和基督教等墳場的分界線。了解該區一帶的地貌，殯儀館於此選址是否順理成章？

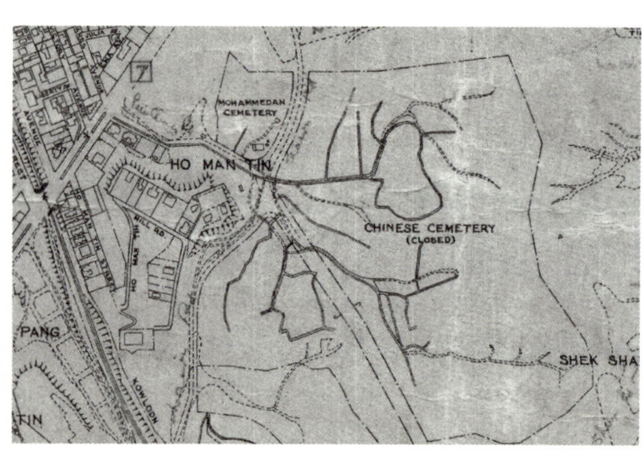

◉ 1947 年何文田（圖片來源：HK Public Records Office）

03 饒久才著：《香港的地名與地方歷史（上）：港島與九龍》，天地圖書有限公司，2011 年 4 月，第 250 頁。

另一例子是鑽石山，當然並不出產鑽石，它原是一個石礦場，出產的石塊礦晶如鑽石閃亮，故取其名。此地本質跟紅磡類似，過去有一條大磡村，而其一帶建築物亦多帶煞，例如山上有鑽石山火葬場、殯儀館、撒灰公園，山腳有志蓮淨苑。這會是純粹一個巧合，還是吸引力法則作祟？

在港島西環近堅尼地城一帶，原為填海地，其命名來自負責督建的第七任港督堅尼地（Edward Kennedy）[04]。摩星嶺山上有昭遠墳場，山腳氣盡入海，臨海過去有屠房；在域多利道兩旁有道慈佛社、公眾殮房，還有在上世紀初用作收容天花患者的痘局，當時天花可致命，後來成為傳染病醫院，交回政府管理，二戰後拆卸，至今區內還豎著「東華痘局」紀念碑。而毗鄰的士美菲路，名稱中譯自英文Smithfield，該地位於英國倫敦西北部，最初是牲畜安置站，也是市內街市和肉類批發中心，每天運往倫敦發售，區內亦多草根階層出入，性質與同區建築吻合。例子太多，不能枚舉。

筆者經常強調，有興趣研究風水的人，必然同時是一個愛好歷史和地理的人。要了解風水的全貌，猶如跨科協作，除了本科理論外，還要把歷史科聯乘地理科，間中加入常識科，自會找到一些有現實印證的答案，避免跌進李敖譏龍應台寫《大江大海1949》「只看到現象，卻沒追求原因」[05]的窠臼。而且你會發現，原來風水不能只論門向，須兼看大局，否則上述現象也好，推論也好，都無法得到全面而合理的解釋，怎麼醫院不是開病符？屠房不是開死門？所以別再只苦苦糾纏門向，以為飛星盤便是風水全部。

本章談吸引力法則，也要先弄通吸引力何來，才會找到「同頻的能量」，要談風水，這點功夫還是要做的。

04 鄭寶鴻著：《港島街道百年》，三聯書店（香港）有限公司，2000 年 1 月，第 50 頁。

05 李敖著：《大江大海騙了你》，李敖出版社，2011 年 2 月，第 34 頁。

天井四四方，周圍是高牆；
清清見卵石，小魚囿中央；
只喝井裡水，永遠養不長。

——毛澤東《五古・吟天井》

第五章

有沒有發現，我們跟房子的關係越來越淡薄？

古人在一個地方住下，往往歷時數百年，代代相傳，即使家族不斷繁衍，也只會在原來居所不斷擴建，從沒遷離之意，久而久之變成了祖屋。不談別處，香港元朗鄧氏從宋朝傳承到今天，上水廖氏也從元朝末年南遷至此，經歷一千幾百年；近溯到上世紀五六十年代，有些人在一所房子一住又是幾十年，寧願花錢修補老化了的喉管牆壁，依然安居故地；反觀到近年，許多人視搬遷為等閒事，經常更換住址，究竟是什麼原因促成這種轉變？

四正為上

古人甚少遷居，原因之一，自然是中國人有安土重遷的基因。古代中國，佔八成是耕種為生的農民，耕地是生活資本所出，一家甚至是一族人生存的仰賴，所以不會輕言遷徙，深感「出外半朝難」。幾千年輾轉相傳，中國人心裡都深植了鄉土情結。

原因之二，筆者相信與居住的屋型有關。前作介紹過《中國史前古城》一書，提及先民時代，「城的形制以『方』居多」，城址形態雖各有不同，然而一般都經過由圓至方的過渡，「總體來說以方形為主，相信是受到天圓地方的影響」（前作第46頁）。事實上，先民出於生存需要，經常眺天望地，嘗試讀通大自然運作的規律，於是「日觀太陽，夜望星月流動，很容易發現天穹像一個球狀物體循環轉動」（前作第27頁），而既然天和地是一個相對概念，地下就應該方正平坦，也藉以寄託渴求穩定的意願。早在夏商周時代，中國人已經孕育出天圓地方的觀念，回顧中國第一個朝代夏朝的二里頭遺址，宮城已呈方形，以至下迄明清的紫禁城佈局，不論國都或陪都，建築形制一脈相承，一般官方衙署和民居亦然（僅少數呈圓形）。

例子眾多，下文僅舉隋唐長安城和明清紫禁城加以說明。隋唐長安城呈橫長矩形，東西長9,721米，南北長8,652米，幾乎完全方正（右上方之大明宮為唐太宗時期所建），全城主要分為皇城、宮城及坊市三大部分，中軸線由北門通過宮城和皇城直達南面的明德門。

一點題外話，談中軸線必須由北至南描述，這是因為古人取象北極星為帝星，由上而下，稱之為中軸線，引申為人間權力的象徵。撇除精神信仰層面以外，還有著名歷史地理學家侯仁之先生，在《北京城市歷史地理》一書中有明確的描述：「中軸線的方向，遵照傳統規制，必須是自北向南（延伸）」，即北起鐘鼓樓，南至永定門，而非南起永定門，北至鐘鼓樓。以號稱中軸線南端的清朝北京城永定門為例，北京皇城中軸規劃可追溯至隋朝臨朔宮，當時還未有永定門，兩者相距達一千年，後者又怎可稱為北京中軸線的起點[01]？所以中軸線的前後序列必須釐清，否則既混淆了天與地的因果關係，又妄顧了歷史沿革，說法站不住腳。

言歸正傳，不僅長安城整體輪廓呈方形，城內宮城、皇城、坊市的圍牆和屋型也無一例外。高度一致性的鋪排，背後的原因是帝王術的表述，筆者在前作中指出：「方正佈局，秩序感油然而生，對統治者來說，容易統籌和管理。最重要的是，中和方正的設計可以昇華至禮制的層面，符合儒家強調中庸的思想，更易令漢以來受儒學薰陶的臣民服膺，切合帝制標尺需要。」（第72頁）

01 郭超著：《北京中軸線變遷研究》，北京學苑出版社，2012年2月，第19頁。

如此高明的王權陳述，後世一直沿襲。我們熟悉的紫禁城，整體規劃也傳承著這種將尊卑序列思想納入宮城空間的設計，保留中軸線，東西長753米，南北長961米，呈長方形，前朝三殿，佈局曠闊，令你自覺卑微，彰顯王朝大氣；後宮建築密集，恍如殿宇之海。一空一實，方形佈局，外圍規正，宮殿平整，處處予人克制、嚴肅、不容挑戰的印象。最重要的是，佈局感覺穩固，象徵國本不容動搖的重大原則。

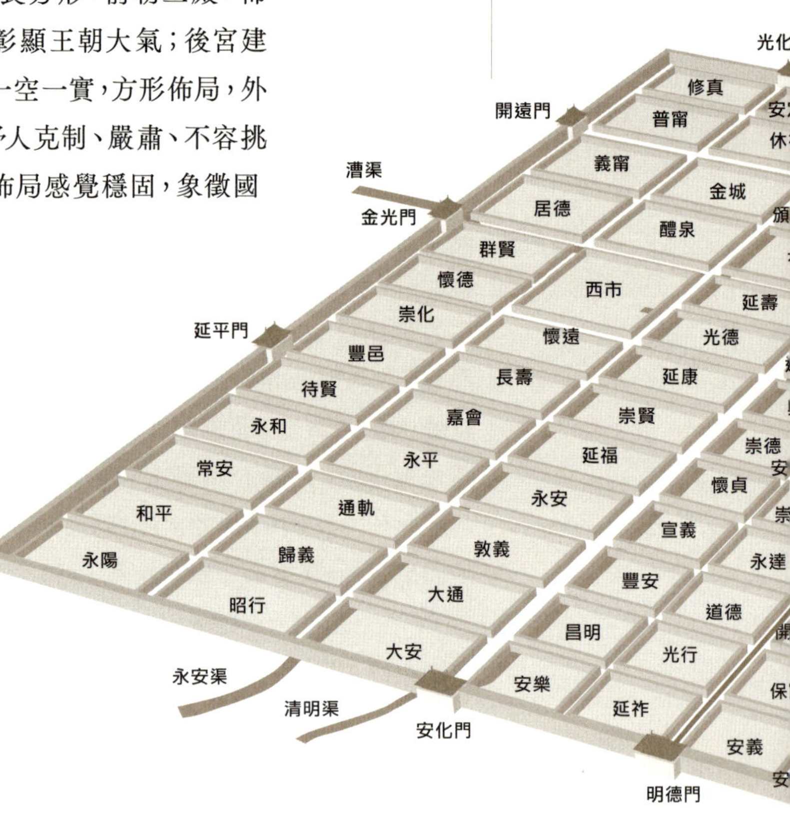

重玄門
景耀門
芳林門
玄武門
安禮門
修德
掖庭宮
太極宮
大明宮
輔興
東宮
光宅
翊善
承天門
長樂
永昌
含光門
來庭
入苑
朱雀門
大寧
安上門
太平
永興
興寧
光祿
安興
崇仁
永嘉
通化門
興道
殖業
務本
開化
勝業
平康
興慶宮
豐樂
小雁塔
崇義
安仁
宣陽
長興
東市
光福
道政
春明門
永樂
親仁
靖善
常樂
安邑
靖安
永寧
蘭陵
靖恭
宣平
永崇
安善
龍首渠
昭國
新昌
昇平
大業
大雁塔
昇道
延興門
修行
晉昌
昌樂
立政
修政
通善
敦化
青龍
通濟
啟夏門
曲池
曲江
芙蓉園

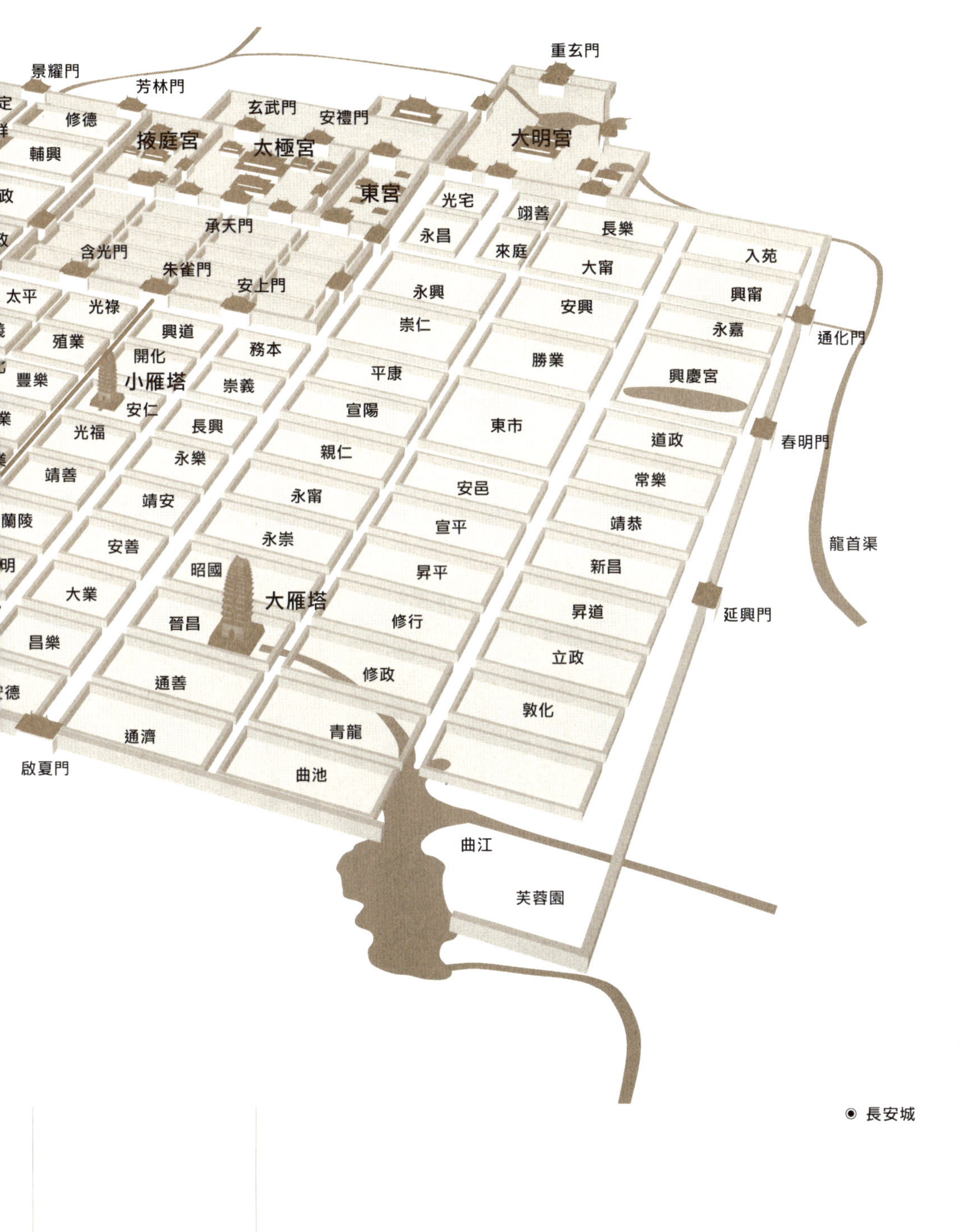

◉ 長安城

民間訴求一致

至於民居，自周朝起方形佈局亦已成型，稱之為里坊制。京城以外，其他地區以每25戶人家為一單元，概稱為「閭」或「里」，將城市佈局規格化，「閭」「里」以方格形狀劃分，用地面積大致相等。

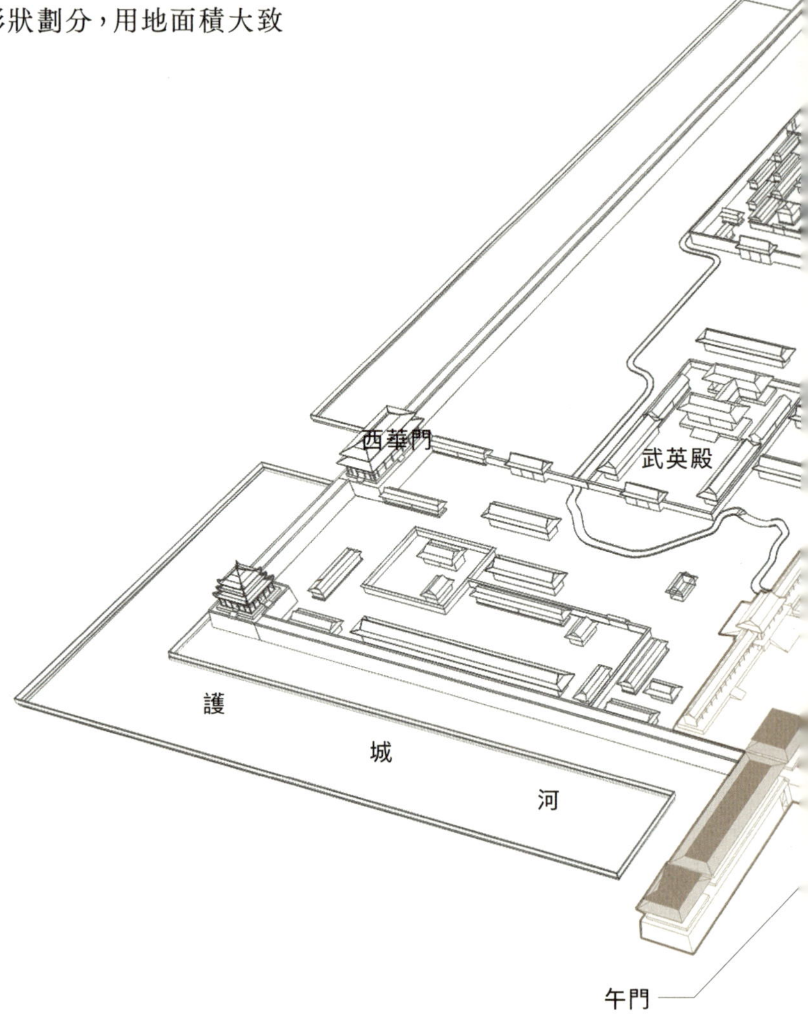

神武門
欽安殿
咸福宮
儲秀宮
長春宮
翊坤宮
太極殿
永壽宮
坤寧宮
交泰殿
乾清宮
鍾粹宮
景陽宮
承乾宮
永和宮
景仁宮
延禧宮
乾清門
保和殿
中和殿
太和殿
太和門
金水橋
金水河
文華殿
東華門
護
城
河

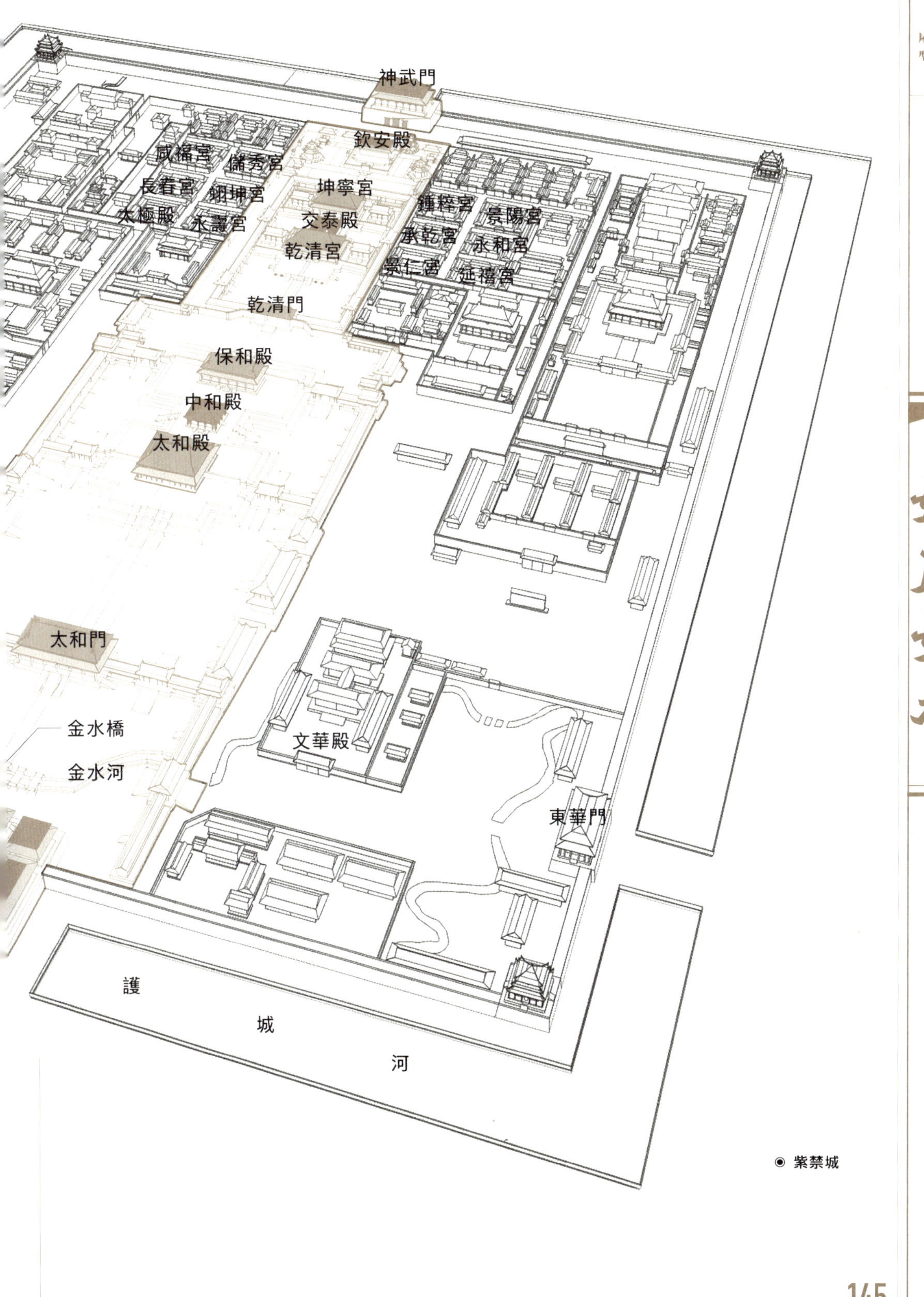

◉ 紫禁城

理論上，一方水土一方人，中國幅員廣袤，境內山河分佈縱橫交錯，所謂十里不同風，百里不同俗，各地民居配合當地氣候和風俗習慣因地制宜，建屋形制也理應各有不同，例如北方建築庭院面積較大，有利於在較寒冷的天氣中納陽取暖；南方庭院面積較小，有利於較潮濕的環境下避雨遮陽。然而，實情是普遍都離不開圍合空間，方形佈局，除了我們熟悉的四合院以外，其他地方的民居也大同小異。金庸武俠小說中有「北喬峰，南慕容」分庭抗禮，中國民居中也有「北山西，南皖南」的說法，以其二者房屋形制最具代表性。

電影《大紅燈籠高高掛》中，鞏俐嫁進的陳府，取景地方正是山西祁縣的喬家大宅，院牆高深，大紅的燈籠兩旁高掛，佈局莊嚴大方。山西的民居皆呈窄長形，「院子都是一個窄條，即東西窄，南北長的縱長方形，結構緊湊，佈局合理。」[02]

其中以祁縣建築為典型，普遍外牆特高，難以攀越，藉以加強防禦；房屋多採用單坡頂，就是只有一面坡的屋頂。山西位處乾旱的黃土高原，雨水珍貴如黃金，所以只向院子裡流，確乎「肥水不流別人田」。

◉ 山西大宅

02 卜德清等編：《中國古代建築與近現代建築》，天津大學出版社，2000 年 1 月，第 32 頁。

◉ 皖南民居

也有看電影《臥虎藏龍》嗎？李慕白（周潤發飾）與玉嬌龍（章子怡飾）在湖上追逐的鏡頭就在皖南的宏村池沼取景，著名畫家吳冠中也選此作為題材。皖南民居以徽州為代表，最大的建築特點是「四水歸堂」。堂者，就是天井，它是整個民居的中心，肩負起採光和通風的重任，四面高牆圍繞，形成一個內向合院，高牆深宅。出於防衛原因，牆上幾乎沒有窗戶，儼然一座密封的堡壘，屋型都是呈窄長形，方正平直。

我們會發現，儘管山西和皖南一在北一在南，在地理形勢和氣候上差別明顯，然而在屋型上卻高度一致。山西有十幾處古宅老院，動輒幾百年甚至上千年歷史，至今猶存；早期的皖南民居，也可追溯至唐宋之際，在宏村保留著明清古民居一百多幢，文化積澱跟山西大宅不遑多讓，東南西北四個方位的單幢房屋化零為整，形成一個結構緊湊又方正的建築群。

屋型方正，原來古代早有教科書式的範本，北宋李誡編著的《營造法式》，被譽為中國歷史水平最高的建築書。李誡官至將作監，專責建築營繕工作，具有豐富建築技術知識和經驗，筆者翻閱《營造法式》，上面寫道：「今來凡有興建，須先以水平望基四角所立之柱，定地平面，然後可以安置柱石，正與經傳相合。」（卷二十八）興建前，在房屋的四角立柱，明顯指出這是一所方形房屋；又稱與經傳吻合，即以往房屋形制也是如此。

例外當然有，福建的土樓就是為了遷就閩南當地許多圓形的山頭，不利方形建築，才成了破格的圓形。而且不一定所有土樓都是這樣，在一個被喻為「四菜一湯」（這比喻真夠生動）的漳州市田螺坑土樓群，中間的土樓正是方形，反映了四正屋則始終是中國人居所的典型。

平穩安定

四正屋型的最大好處，自然是平穩安定。中國古代，飲食之器一般三足，坐臥之器必定四足，房屋形制更是如此，四足椅一定較三足椅可靠，四足亦可呼應四方，與自然合一，符合長久發展而成的民族觀和人文觀。屋型穩當，寄寓屋運也穩當，所達致的平衡，就是一種令人最安心舒適的狀態。所以即使皇權時代已經結束，我們也不是皇帝，毋須再談不容挑戰的秩序感，先天對方空間還是情有獨鍾。放在實際角度，屋型四正好處極多，減省玄關和走廊空間，令室外光線最大範圍照入屋內，傢具也較容易擺放。香港大部分人的居住空間已極為有限，必須擅用每一吋面積，傢具能夠貼牆貼角，騰出更大空間，心理亦相應覺得寬裕。

而香港人也身體力行，用寶貴積蓄向方正屋型投了信任一票，太古城、美孚新村和沙田第一城被公認為港島、九龍和新界的藍籌屋苑，成交量穩定，抗跌能力強，樓價有指標性作用，即使樓齡不輕（美孚新村更逾半世紀），在二手市場依然具有競爭力。筆者認識不少朋友住在上述屋苑，共通點是一住數十年，即使房子已變得陳舊，喉管日趨老化，裝修剝落，卻寧願花錢大裝修，也不願遷走，情況就像山西大宅和皖南民居，都變祖居了。

為何這三大藍籌屋苑能夠屹立至今，首要條件當然是地點取勝，位置適中；另一個共通點，是三者的屋型極其相似，同樣方正實用，少見大玄關和長走廊位，房間比例亦合度。再看看其他香港的舊式大型屋苑，屋型亦普遍呈長方形，四正闊落，難怪仍然有價有市。

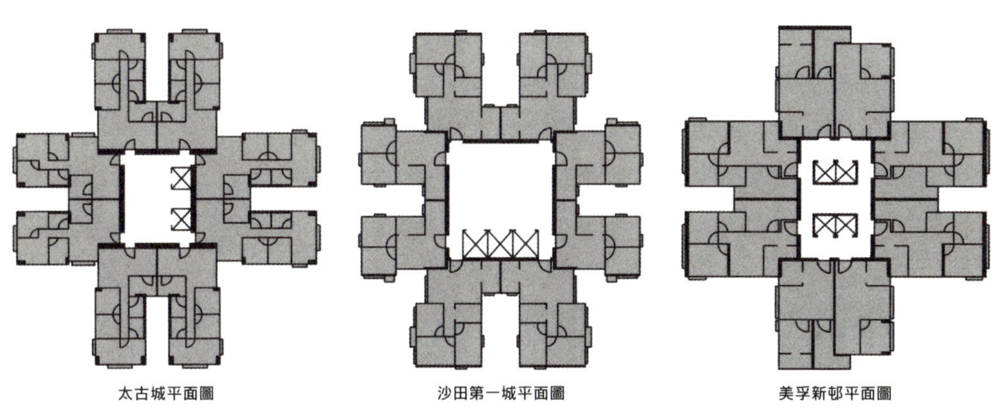

◉ 太古城、美孚新邨、沙田第一城平面圖

納氣深與淺

長方形只是一個基本，還要再細分究竟屬深長形，或是淺長形，前者納氣深，後者納氣淺。納氣雖然是一個風水術語，但意思從字面上也大概猜到一二。風水相信大自然中有運行的氣，它無色無味，充斥於天地，風水的要則，就是導引生氣入宅，只要大門開線合度，氣隨人之進出而至，盡力妥為保存，不致外洩外露，宅中人可得以裨益。中國的傳統民居，皆不離外寬內閉的屋型設計，我們看古代宮城如隋唐長安城、明清紫禁城，或民居如山西大宅、皖南庭院，整體佈局縱橫相若，更多是縱深橫淺，而且牆高壁實，就是為了得到聚氣效果。

深長屋型，由門口至屋後納氣深，符合中國傳統房屋聚氣要求，視之為吉；反之，淺長屋型，由門口至窗戶納氣深，不為吉。打一個譬喻，褲袋深，能載錢載物的空間也深，多多益善；褲袋淺，容易過滿即溢，額滿見遺，再多也無福消受。

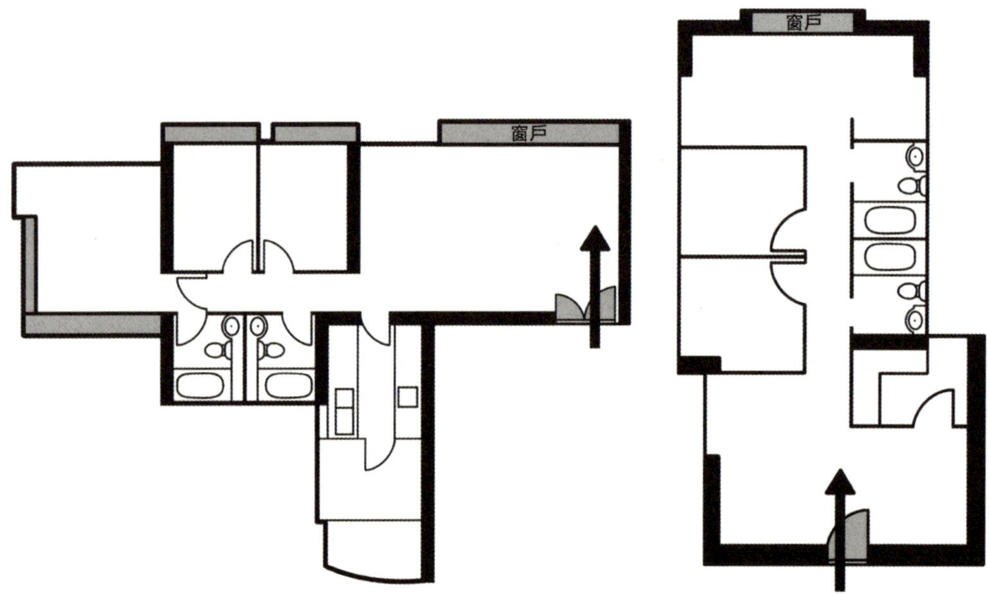

◉ 北角半山一所私人屋苑的平面圖。屋型大致呈淺長形，廚房凸出，開門見窗，納氣淺；至於太古城單位，則是典型深長形屋型，窗在偏旁，若能大局及方向合度，納吉氣亦深。

缺角不完整

中國文化的一種特色，是經常把人與大自然相提並論，引譬連類，令人絕倒的例子有酒後就變露體怪的「竹林七賢」之一劉伶，當有人探望他，他便說：「我以天地為棟宇，屋室為褌衣，諸君何為入我褌中？」相似套路風水中也極為常見，例子之一是在第三章篇首已引的《黃帝宅經》，將外物與個人掛鈎，周遭環境化成身體的不同部分，某程度上就是東方天人合一的體現。屋型方正，人一身健全；屋型缺角，就像身體缺少了一部分，是哪部分，視乎缺角大小。而以風水而言，缺角令此宅納氣不平均，無法分佈八方，失卻中和全面，至於具體克應，要看飛星組合與宅主年命，本書只論大概，暫從略。

鑽石廳沒鑽石

鑽石廳恐怕是香港屋型中一個獨特產物，顧名思義，就是指客廳格局不規則，有如鑽石般呈五角形，甚至多邊形。鑽石廳觀感上不對稱，廳中那一堵斜牆最令人頭痛，收窄了與窗口之間的視野，電視斜對梳化，空間又不能盡量利用，再加上不少角位，走廊與廚房不能拉直，令傢俬難以擺放。有建築師朋友告訴筆者，鑽石廳的出現是建築條例的改變，出於採光和通風的考慮，也令視野較為開闊（open space），希望有一個更宜居環境，所以通常將客廳以及睡房扭歪45度，避免正對鄰屋，保留各自私隱，殊不知違了風水本念，宜居目的不能達到。

筆者連番數落鑽石廳，並無特別動機，而是它在風水上存在根本缺點，屋型不方正，上文提及的納氣不均是原因之一；其次是它跟中國人傳統思維相悖，本質上不被接受。前文多次提及，中國人與生俱來傳承天圓地方的概念，而且出於生存需要，一直強調務實，講求實際，讀書是為了做官，信風水是為了趨吉避凶，心態上對不方正不實用的東西感到抗拒，所以普遍人對三尖八角形狀沒有好感。鑽石廳能在香港蔚然成風，只是我們無奈接受，不代表願意照單全收。如果可在四正廳和鑽石廳之間選擇，筆者深信前者勝望壓一。

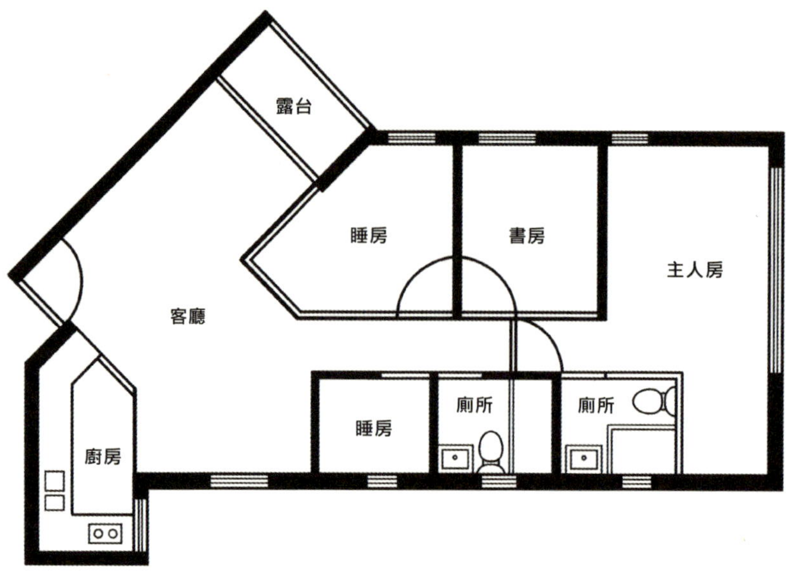

◉ 這是一所位於鑽石山屋苑的平面圖。圖中可見，整個左下角呈梯級狀，整體屋型無法構成方形。

鑽石廳之外，香港屋苑世紀奇則之多，也算一道罕有的都市風景線。這裡出名地少人稠，發展商受各式各樣的地盤剪裁限制，唯有扭盡六壬，各出奇謀，開出聞所未聞，創意與吸睛兼備的回力標則、吊鐘則、三角則、電鑽則，甚至吉普車則也有，部分奇則更簡直無以名之，分佈港九新界，豪宅中產上車盤無一遺漏。百貨應百客，有人以為奇則多奇，也不及有人入住出奇，香港人大概也見慣不怪了，只是若論風水，應該要懂得選擇。

我們要知道，古代中國人早已掌握了興建不同形狀建築物的技術和方法，包括難度最大的圓形架構，例子如聞名於世的唐朝洛陽城的明堂和

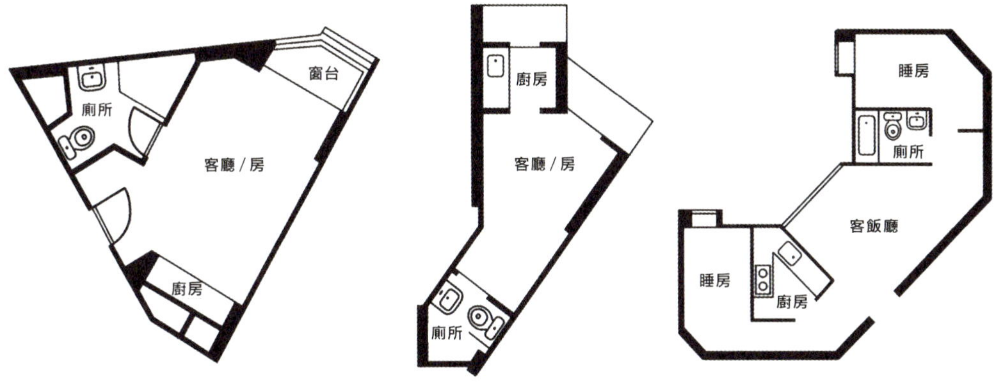

◉ 奇則平面圖，由左至右分別位於屯門、九龍勝利道及何文田。

天堂，明清時候有天壇，但是為什麼還一直堅持以矩形形制興建宮殿和民居？非不能也，實不為也。中間一定有一個令人人信服的原因，那我們為什麼刻意選擇忽略古人的智慧與行之有效的實踐，執拗地標奇立異？

若將平常慣用的飛星盤放諸圖例中奇則，除了以門為向的方位可辨外，缺角之多既增加了閱盤難度，也肯定令納氣更見不均，擺放傢俬亦極有難度。而且相信懂得「欣賞」奇則的買家有限，日後轉售困難亦較大，問題一籮籮，從風水理氣到現實考慮都多。上文寫屋型穩當，寄寓屋運也穩當，奇形怪則有多不穩當，屋運如何，也不言而喻了。若還是堅持己見，筆者只能寄予祝福。

【延伸閱讀】

《翦商》和翦惘

本章談屋型，主張四正至上，不鼓勵選擇奇形怪則，為了證明於古為據，並非無的放矢，舉了中國山西古院、皖南民居和香港藍籌屋苑為例。花這樣一番功夫，原因是筆者多年觀察所得，風水信眾實在「與別不同」。一些人看症，會久病成醫，熟悉藥性和醫理，即使未至於教醫生開藥，也會懂得事事多問一句，像個內行人；唯獨風水信眾，不管信了多少年風水，依然抱持初心，對風水先生言聽計從，不要問，只要信，深怕多問一句也橫遭「天機不可洩漏」回絕，更怕掃了師傅的興，不願多作指點，漏掉了財位怎辦？筆者的立場不同，既要信，也要問。說得有根有據，有理有節，才會令人信服，而非訴之於神秘難測，一概莫問。

筆者在前作中，自問自答，嘗試找出一些風水理論的源頭。簡單回顧一下，包括在風水基礎及推算上經常提及的《河圖》《洛書》，為何命名都與水字邊旁的河、洛有關，而不稱為蜀山圖，泰山書？這是因為圖和書作為文明的產物，必先要經濟條件得到滿足才得以開展，水灌溉了萬物，等如也滋潤了文明的土壤；又例如視為吉格的環抱水，根本源自簡單的離心力原則，定居於河水彎道兩岸分別極大，看仰韶文化時期的半坡和姜寨等先民遺址例證，馬上不點自明，因此毋須推諉於神秘，希望能還風水本來面目。

同樣道理，過去未有清楚釐清的一些說法、一些理論基礎，別以為只是隨個人喜好，「想點就點」，然後要你只信不問。筆者可以斷言，它們背後總有一個堅實原因，只待有沒有鍥而不捨的有心人發掘出來。

筆者接觸風水和紫微斗數多年，也寫過好幾本有關的書，《易經》作為術數的源頭，《四庫全書·子部·術數類》引言稱：「術數之興，多在秦漢以後。要其旨，不出乎陰陽五行，生尅制化，實皆《易》之支派。」為免說法無根，所以筆者也對《易經》有所涉獵，只是對一些書中爻辭，歷年讀來總不無疑惑，如坤卦，為什麼為西南？如艮卦，為什麼為東北？又或者所謂「商尚鬼，周尚文」，殷商之際，占卜成風，各有訴求，為什麼只記這時這個卜筮結果，成為卦辭爻辭，而不是記另時另個，其中有什麼原則作出篩選？

翻過許多許多闡釋《周易》的書，不管考據功夫多麼精到深入，都只是以字解字，尋章摘句，無法提供一個令人滿意的答案（至少對我而言）。直至我讀了內地學者李碩著的《翦商——殷周之變與華夏新生》。顧名思義，《翦商》是翦滅商紂，建立周朝的意思。

一直以來，《易經》被視為一本記載占卜記錄的典籍，這點毋須質疑，後來用《易傳》解讀《易經》，從此有了天人合一、吉凶方位等觀念。像打開了的潘多拉盒子，後世把《易經》說得玄之又玄，幾乎天文地理、宗教醫學、民生倫理、生死勞逸，《易經》都沾得上邊，越來像萬能key，令人越難以觸摸，貼近得太抽離。

筆者看《翦商》，才恍然大悟，從太空返回地球。關鍵在於作者所說：「打撈失落的文明」（《翦商》第11頁），「考古，就猶如一個深埋地下的鏡子，倒映出我們陌生的形象。」（第18頁）

將《易經》的卦辭和爻辭與商周之際的歷史事件掛鈎，不自李碩開始。上世紀二十年代的學者顧頡剛，就撰成了《周易卦爻辭中的故事》[03]，說了五個《易經》中的故事，歷史以外，還從當時社會、文化等角度解構《易經》與《易傳》的歧異，別具見地，令人折服；

03 是文原載於 1929 年《燕京學報》第六期，後收錄於林慶彰編：《民國時期經學叢書》第十期，文听閣圖書有限公司，2008 年。

用甲骨文和商代考古知識訓詁《易經》的，同樣不自李碩始，而是比顧頡剛稍後期的高亨，著有《周易古經今注》、《周易古經通說》等書，治學極嚴，遍尋先秦史籍為據，解釋《易經》中常見的「吉吝厲悔咎凶」等字，如解「吉」字，注釋多達93個[04]。然而，將以上兩種考證《易經》的方法作全面系統性整理，又能提出嶄新見解的人，是《翦商》的作者李碩。他細心考據上古時代的出土文物，以及甲骨文的字形、字義等先秦文獻的證據，還原《易經》本貌，提出《易經》原本就是商周之間的爭戰史實錄，涉及其時的社會實況，涉及殘忍的人祭、捕獵、虐殺俘虜和政治婚姻。戲肉是周文王姬昌翦滅商朝的政治和軍事策略，苦心籌劃經年，最後以弱勝強，推翻商紂，建立周朝。結論太震撼？試看以下例子：

(1)《易經》六十四卦中，有十卦的卦辭爻辭出現「利涉大川」或「不利涉大川」，數量眾多，其實是文王一直研究渡過黃河攻打商紂的方法。書中解釋：「最後兩卦既濟和未濟的爻辭中分別有『曳其輪』的描述，為什麼『拉扯（曳）著車輪』，跟已渡河（既濟）和未渡河（未濟）有什麼關係？原來說的就是打仗時馬車渡河的場景」[05]，解釋準確利落。

(2) 蹇卦與解卦成對，蹇卦卦辭「利西南，不利東北」，解卦卦辭「利西南」；「利西南」何解？書中解釋：「以周原為坐標，殷都在東北方，而西南方（今陝西漢中、甘肅隴西及四川地區）則有大量土著部族，是文王重點爭取結盟的目標，所以『利西南』；當時周文王還難以獨挑東北方的殷商，所以『不利東北』。於是，坤卦的卦辭記載：『西南得朋，東北喪朋』。」[06]

04 詳見拙作《韓非——御用捉刀人》，三聯書店（香港）有限公司，2017年5月。

05 李碩著：《翦商——殷周之變與華夏新生》，廣西師範大學出版社，2022年10月，第458-459頁。

06 同上。

(3) 一個關鍵的軍事策略：「利建侯」。「侯」在甲骨文的字形為哨所望樓裡面有一支箭，有兩層意思，一是軍隊派出的偵察哨，二是為王朝擔任戍衛任務的侯國；《易經》豫卦卦辭是「利建侯行師」，書中解釋：「『建侯』和『行師』連用，顯然是指在行軍的時候派出偵察斥候。」文王還曾經觀察和學習商人的戰爭技術，比如師卦初六爻的 「師出以律」，「說的就是軍隊出征要有嚴格的紀律。」

看，把本來虛無縹緲、影像綽約的卦辭爻辭，套進商周的爭戰中，馬上將氤氳千年的迷霧撥開，將占卜的動機解讀為周文王的建國視角。《易經》的釋辭，儼然就是具體的翦商謀略，大至決定起兵抗商，拉攏其他種族結成盟軍，微觀至行軍策應，訓練師旅一一在列。作為一部制敵致勝的謀略兵書，原來《易經》比《孫子兵法》不遑多讓。

筆者只是隨舉數例，書中其他解釋《易經》的部分，若配合歷史一併解讀，可讓我們對湮遠的上古面貌，有更確切的了解。

《翦商》全書主旨，並非僅為《易經》提供一個說法，正如書名副題《殷周之變與華夏新生》，尚有大禹治水、商周氏族起源和上古宮城建造等內容。只是出於筆者的動機，對提及《易經》的內容格外感興趣，特別細讀相關章節，幸運把我多年的狐疑一掃而空。

作者李碩的宏觀視野和求知的慾望，為我們帶來另一個解讀《易經》的角度，面目一新，不管你同意不同意，至少不再是照本宣科，拾人牙慧的談玄說異。書名叫《翦商》（取自《詩經·閟宮》的「居岐之陽，實始翦商」），不妨也名為翦惘、翦舊和翦陋。

《易經》卸粧之後，原來不是仙風道骨的域外之人，而是相當入世的兵家政治家之書，那作為徒弟的風水何時和師傅看齊？

斯是陋室，惟吾德馨。
苔痕上階綠，草色入簾青。

——劉禹錫《陋室銘》

第六章

間隔

宮城雖具有代表國家的象徵意義，但它始終是皇帝和家人居住的地方，佈局上仍以一個家的原則安排。卸下了龍袍，皇帝也需要休息，需要娛樂，需要讀書學習，那他的起居室、書房會怎樣佈置？既然筆者稱紫禁城是風水宮殿之學的壓卷之作，當前朝佈滿乾坤符號，後宮又怎會例外？你會發現，紫禁城內皇帝生活作息的房間，跟我們尋常人家大同小異，風水合度的體現，原來簡單如此——以同理心出發，毋須故弄玄虛，內容亦一點不神秘，都是追求安居而已。

由於屋型不同，屋裡的佈局不能一概而論，這裡只能略舉幾個例子說明。

主人房

紫禁城傳承了歷代風水智慧的積澱，佈局精到，空實相對。前朝管治天下，三殿雄偉顯赫，矗立著巍峨宮殿和高牆厚壁，此外一棵樹、一座建築物也嫌多餘。所以如此，是要刻意營造一個異常寬曠的空間，令任何人置身其中也會自覺渺小，藉以反襯王權的巨大；後宮卻恰好相反，佈局儼如殿宇之海，櫛比鱗次，幾乎密不透風，與前朝構成強烈對比。這是由於前朝後宮定位不同，一個是國，一個是家，前者是一國之君的載體，關顧大局，強調王者氣勢，求大氣求顯揚；後者是一家之主的居所，純屬個人化訴求，強調舒適自在，求翕聚求安穩。

若論皇帝和平民有哪些最公平的地方，恐怕非主人房面積莫屬。清初皇帝如順治和康熙所居的乾清宮內寢室，可能不比你我的睡房大多少，若計比例，我們住得比皇帝更寬敞。乾清宮面積約14,000呎（1,400平方米），寢室卻僅200呎，比例是1:70；雍正後來住在養心殿，面積更小，僅約百餘尺，與時下的納米盤相差無幾，稱為蝸居也不為過，跟皇帝天下共主的身份毫不相稱。身為九五之尊，「率土之濱，莫非皇土」，理論上建一個足球場大的睡房也無人敢置喙，為什麼地方淺窄得這麼寒傖？答案是要室聚氣合，才能心裡安穩。外表強大的統治者，往往內心柔懦，最擔心有人覬覦他的江山，於是夜不能寢，曹操說自己夢中會殺人，道出了統治者的夢魘。如果還要為彰顯王權盛大而睡在一個足球場中央，四周空空蕩蕩，感覺毫無防範，叫色厲內荏的皇上如何入眠？

統治者共同訴求

而在明清以前的宮殿原貌，由於年代久遠，或毀於戰火，或早已塌陷，我們無緣得見，但是筆者相信皇家寢室的佈局應該分別不大。禮失求諸野，深受唐朝文化影響的日本，平安時代（794-1185年）的皇宮位於京都（當時稱平安京），在正殿紫宸殿內「晝後座」旁邊的天皇臥室「夜御殿」，僅寬約八張榻榻米大小，折合僅約30多呎。值得留意的是，榻榻米旁邊用屏風貼邊圍繞，一來保護天皇隱私，二來讓其安心就寢。這張只較我們睡床略大的日本皇室御物，今天還陳設在京都御所之內。

金髮藍眼的外國人也一般心思，法國凡爾賽宮內的王后寢室（Chambre De La Reine）陳設，佈局亦同出一轍，儘管處處金光璀璨，奢華貴氣滿溢，面積亦較乾清宮寢室為大，睡房設計倒像我們的架子床。其中自天花垂吊下來的帘子，在皇帝伉儷就寢時圍合起來，同樣為了營造一個寧謐閉合空間，達到阻光和隔音的效果，作用跟風水強調的翕聚相同。

看得出中、日、法的皇宮佈局，意念一致，做法相似。筆者推測，統治者畢竟是人，說不定來自集體的胎內記憶，嬰兒有胎脂、羊水和母親軀體緊緊覆蓋，隔絕外界騷擾，才能安心胎孕成長。日後即使已經成人，依然追求這分胎內感覺，多疑的統治者更如是。

香港人少有的小確幸

中國人智慧：「屋大人少切莫住」，其實房大人少也切莫住。了解過上述皇宮寢室的大小，是否對現居的睡房稍感寬心？原來面積少有面積少的好處，不用為佈置煩惱。當然，若過於逼隘狹窄，出現另一個極端也屬過猶不及。以香港為例[01]，一般主人房約80至150呎，扣除常見五呎乘六呎二的主人床，為盡用每吋空間，四周通常放置衣櫃、吊櫃、有些還有地台，上下左右逼狹，僅勉強留下一條通道，像一個幽閉緊貼的膠囊，當然也不算理想。

至於若閣下有幸發現睡房太大，感覺空空蕩蕩，不妨考慮上面皇室的做法，在睡床四周懸上吊帘，睡覺時放下，自設私密氛圍，可以有助入眠。不管睡房太寬太窄，到底失卻中國人常說的中和之道，其實最重要是讓感覺說話，覺得心裡舒服就好。

書房

古代稱為書齋，不是書房，意思就是齋戒靜思的地方，得以清心寡慾，專心致志讀書和寫作。為營造合適氛圍，除了書籍以外，還會在書齋掛上對聯和擺設其他文物，一為欣賞，二來自勉。

先說方位，在科舉制盛行的朝代，古代讀書人熱衷功名利祿。文昌帝君原本就是祈祝文運和考試的神祇，所以書房最好落在文昌位，一般在東南方（詳情請見第四章，不贅）。

01　香港家庭住戶的居所樓面面積中位數為 430 呎，人均居住面積 172 呎。

那麼不用考科舉的皇帝，他的書齋又是什麼樣子？就以好舞文弄墨的乾隆為例，這位據稱作詩逾四萬首的皇帝，不但不用考科舉更身兼考官，叫人感興趣的不是文昌位在哪，而是書齋的面積。乾隆一生好大喜功，自詡十全老人，動輒對外興兵，不斷拓展清朝的領土，然而他的書齋卻出奇地小，甚至是故宮中最小的房間。書房位於養心殿，名為三希堂，取名歷來有兩種說法，一是指三幅稀世書法珍藏（稀通希），分別是王羲之《快雪時晴帖》、王獻之《中秋帖》、王珣《伯遠帖》，符合書齋用作欣賞文物的目的；另一說法指出自周敦頤《通書》中說的「士希賢，賢希聖，聖希天」，符合書房是對自我的期許。乾隆的書房，相當配合書齋的要求。

而據清史研究專家閻崇年先生實地勘測，三希堂面積僅約48呎（4.8平方米），情況跟寢室一樣，「排場」相當「親民」。同樣道理，「率土之濱，莫非皇土」，皇帝的書齋建得像國立圖書館一般大也無人敢異議，特別是愛裝大的乾隆，卻竟然躲進小樓。原本書齋就是一個私人空間，毋須以偌大氣勢來震懾天下臣民，況且自己讀書寫字的地方，必須集中精神，地方太闊落反而容易分心。

現代人的書房，若然是學生哥，當然最好坐正文昌位；坊間還有連串風水宜忌法則，筆者沒研究也無試驗結果可提供，總之信者自信。只想強調一點，讀書關乎個人志趣，風水勉強只是助力，而且也要大局合度，即使跟足做法，無人可以擔保有理想成績。反而書房之於成年人，一切好辦。除了用來讀書工作，若空間容許，總喜歡在書房擺放一個大書架，上面堆滿書籍，令感覺自豪，反正有沒有翻過沒有人知，至於風水不風水，更不礙事了。

房門對房門

中國人性格內斂，風水作為一種民族觀的反映，也一直強調藏風聚水，「聚之使不散，行之使有止」，開門直衝視之為穿，容易洩氣，並不為吉。最重要一點，門直衝，即兩面皆虛，有違風水一陰一陽，一虛一實的基本概念，是原則上的錯誤。家宅和宮城儘管面積規模有別，風水應用的概念則一，後者更是一個國家的象徵，佈局事關重大，少有犯禁，歷代宮城大致恪守規矩：

(1) 東漢洛陽城：沿襲西周、東周皇城舊址和秦朝增擴部分而成，整體呈九六之比，譬喻天地。連接南宮北宮的道路並非成一直線，外城共有12座城門，東南西各三門，二宮居中，門與門之間不能直通，總要左拐右轉才能抵達，道路網驟望猶如一個初級迷宮。

(2) 曹魏鄴城：雖然是一個方正的規劃，也有中國宮城歷史上第一條明確的中軸線，然而門與門之間亦並非直通，而是南三北二，最南端的三門（中陽門、廣陽門、鳳陽門）與最北端的廄門和廣德門之間，中間或拐彎，或有建築物阻隔，令門與門之間不會直衝，甚至東門的建春門和西門的金明門亦沒構成一條直線，總有一番轉折。

(3) 隋唐長安城：是個少有的例外，中軸線部分從最南明德門至皇城朱雀門，不能直通北面城門，避免子午相沖而洩氣，皇城最南面的三十六坊也不開北門，有入無出，目的亦為了聚氣；不過，部分東西南北城門可直通。筆者推測，一來長安城實施宵禁制，並非「廿四小時通關」，生氣不致全天候外洩；二來宇文愷這種設計是在風水與城市運作效率之間嘗試取一個平衡。長安城據稱有超過100萬常駐人口，城內交通繁忙，道路使用率高，只好盡量增加流動效率，捨彎取直。

(4) 北宋汴京城：城南面開三門，分別是南薰門、安上門和宣化門，北面開四門，分別是衛州門、通天門、景陽門和永泰門，佈局跟鄴城不謀而合，中間總是轉彎抹角，左拐右拐才到達另一端，東西兩面亦不例外。

(5) 南宋臨安城：屬倒騎龍格局，大內宮城位於南方，北面城門和寧門通向市中心，經朝天路至城北武林路為止。這條主要道路稱為御街，兩旁佈滿官衙和民居，形狀同樣彎彎曲曲，並非呈一條直線。

(6) 明清紫禁城：不論從南北向的午門至神武門，或由東西向的東華門至西華門，均不能直達，中間必有宮殿或城牆阻隔，以至擴展至整個北京城亦然。北京城又稱四九城，最南面永定門與最北面的德勝門和安定門不能以同一方向直達，外城的廣安門和廣渠門亦然；內城的阜成門和朝陽門，以及近北端的東直門和西直門也被三海分隔，這種佈局顯然並非偶然。

曹魏鄴城、北宋汴京城、明清紫禁城都是新建的宮城，不受傳統地形或建築限制，可隨心所欲興建，但為何不要簡約，寧要一番迂迴曲折？上述宮城佈局的取態，具有強烈中國文化特色，寧願犧牲交通效率，堅持對翕聚的嚮往和追求，逾千年來始終不渝。看西方城市的道路網，如法國巴黎四方八面直穿凱旋門，美國紐約曼克頓是一個縱橫相連的棋盤形格局，選了路線，一路直行，足可貫穿市內東西南北，優點顯而易見；但中國的古代宮城都捨易取難，只因我們另有一種特殊的人文觀。當然，也不致於為了翕聚，忽略現實需要，故意設計成迷宮模樣，導致壅塞，一團死氣，於是中間落墨，在翕聚與通達之間嘗試取得平衡，是為中國人一直崇尚的中庸之道。

古今情況不同

風水概念是一項通則，重點在了解背後的意義，大至一個宮城，小至一間房屋，一概適用。城內兩門直對不宜於聚氣，屋內房門直衝理論上亦不為美。如前所述，風水上認為人帶氣進出，若門相對，亦即帶氣相沖，古人將情況看得很嚴重，稱會導致父子不和，兄弟不睦，妯娌相欺，姑嫂相妒。筆者卻認為未免言重了，一來要視乎理氣的配合，不能單憑房屋格局一概而論；二來古代往往大家族聚居，人多口雜，齟齬本來就多，現代人大部分僅一家幾口，況且居住空間狹窄，若還要求避免房門相沖，恐怕不設實際。筆者經驗，若家人容易口角爭執，飛星理氣原因多於房門直衝。若後者真的礙事，以香港屋內佈局來說，恐怕十之八九犯禁，天天家無寧日了。

五門歸心之類

關於屋內佈局，風水上有一些頗唬人的名堂，例如五鬼拍門或五門歸心等，住進此宅，稱會惡運纏身，健康欠佳云云。至於惡什麼運，健康如何欠佳，有多少人應驗，恐怕永遠沒有確切答案，同時也遺憾地，沒有提供五門佈局何以得此惡應的解釋。所謂五門歸心，就是指一般兩房單位，以大廳為中心，兩道房門，再包括大門、廚房門和廁所門。古代沒有這種間隔，所以沒有參考例子。

若從實用的角度，五門歸心好壞參半，好處是不設玄關和走廊位，不會令已經狹小的房屋更狹小；壞處是剩餘的牆位散碎，擺放傢俱有難度。至於從風水的角度，筆者只覺得五門歸心像其他業界個案，又給一個名堂唬住了——就像有術師說：「床頭不可向西，否則一路歸西」之類，言者色厲，聽者內荏，於是認知閉合，來者不拒地照單全收。

大概風水上五黃形象太差，五門應了五之數，跟五鬼又差不多，於是五門跟凶煞一樣令人懼怕，所以風水欠佳。一如上述，中國傳統書寫文化帶有勸世意味，往往誇張其事，其實實際情況通常不如字面嚴重。說到五門歸心、五鬼拍門這些武俠小說式的四字真言，聽來令人不寒而慄，說穿了，不過是常見用作懾人的江湖範式，無謂庸人自擾。

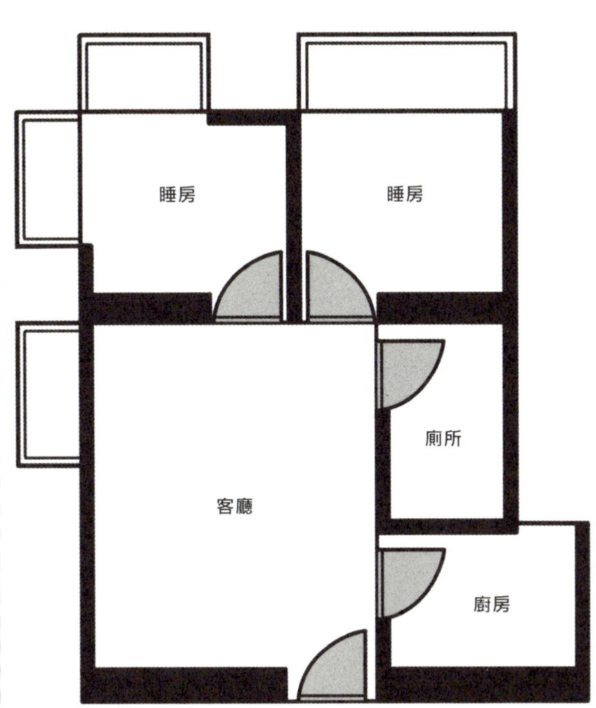

◉ 五門歸心

安全感不足

筆者可推想的解釋，一般人抗拒五門歸心，應該出自安全感不足，跟風水的關係亦僅此而已。追求安全感是與生俱來的本能（文獻研究可見第二章達爾文祖父例），人從門口出入，門越多，代表變數越大，安全感越成疑。為什麼驚嚇電影總是鋪排推門的環節，因為在我們視線範圍以外，不清楚門後存著什麼意料不及的變數，所以推開一道門，像打開一個未知的世界，門越多，人越不安，特別對一直著重安土重遷的農耕民族而言，穩定才是生活資本。這種基因傳承下來，居所要求佈局簡單，變數越小越好，才會覺得心安。所以說五門歸心風水不好，筆者可以理解，但只限於心理層面，至於說成家宅不安，惡運纏身云云，那叫大部分居於兩房單位的香港人怎辦？

與其說五門歸心不理想，開放式單位的三門或兩門歸心（只有大門、廁所門或有廚房門）豈非更不可取？不妨想像一下，五門單位至少空間較大，納氣較深，也多兩個正常間隔的睡房，利於夜來休息，亦保存了私隱；開放式單位無遮無掩，一覽無遺，睡眠時心裡更不踏實，平日亦不會邀請客人入屋，人氣更小。那你以為三門歸心格局是否更壞？

實情是，從來看風水不能只看屋內形制，上述「五門歸心」、「床頭不可向西」被視為不吉，問題出於生搬硬套，沒有考慮元運及飛星等可變因素。《飛星賦》中稱：「周流八卦，顛倒九疇，察來彰往，索隱探幽」，早已將問題說得明白，屋型的「型」需與元運卦理的「理」互察，亦即空間與時間需要互相配合，才算考衡周詳，單單是碎碎唸的口訣，必然淪於刻板，忽略風水講求需活運用的要旨。

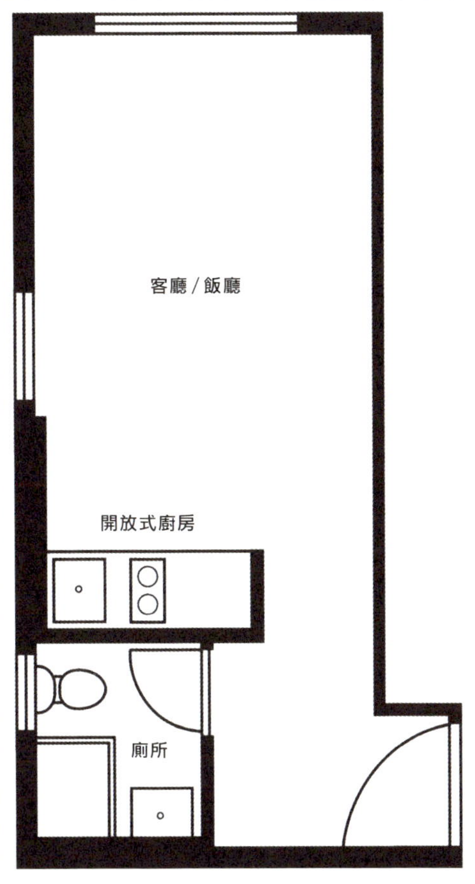

◉ 開放式單位的三門或兩門歸心

採光

古代沒有電力，中國最早一台電燈遲至1882年才在上海出現，因此即使是宮殿也只靠自然採光，晚上則用蠟燭照明。一間屋不同地方有不同的採光原則，要言之，就是明廳暗房。客廳是日常活動、接待客人的場所，自然要受光充足，清晰明亮；睡房供人休息，環境宜昏暗謐靜，令人容易入睡，才符合養生之道。客廳是公，房間是私，客廳要明，房間要暗。

風水的要求，從來源自宜居生活的經驗，明廳暗房，與陰陽互濟的原則相通，有這一種體悟，已掌握了基本風水之道。

中國建築物的縱深稱為進，橫闊稱為間，入門後與另一門之間為一進；中間呈方形的位置，沒有上蓋，直望見天，所以稱為天井，是房屋四周圍起來的空地。若放之於宮城，紫禁城內太和殿前的廣場中空設計，面積達三萬平方米，堪稱天井中的天花板。天井讓陽光直接照入，彌補古代房屋室內採光不足的缺點。

風水過白

此外，中國的傳統建築中，有所謂「過白」的處理手法，在營造「聚氣」的環境之中，與外界的日照取得平衡。過白是在「南北向的兩過廳堂，站在後廳前，能在後廳屋檐下的視野裡，望見前座的完整畫面，並留有一線陽光納入後廳」[02]。古人也會考量到屋頂結構的角度，越往上坡度越高，檐口往上翹，避免阻隔日光入屋，有利於窗口採光，同時也易於排水；至於屋內，主要依靠「戶牖」，即門口和窗口，這兩個位置亦用作出入和通風。客廳一般會敞開大門，盡量採光，符合廳明原則；至於房門則常關閉，一來為保存隱私，二來符合房暗原則。

◉ 站在後廳前，望向中間庭院，你會發現在視野內，建築物高度和天空剛好各佔一半，一人工一自然，一實一虛，構成一道巧妙的平衡，這就是風水之道。

02 亢亮、亢羽編著：《風水與建築》，天津百花文藝出版社，1999 年 2 月，第 270 頁。

現代樓宇通常是多層式大廈，天井自然不適用。而隨著建築技術的進步和物料的改善，有了落地玻璃，一整幅透明材質取代磚牆，採光更不成問題，關鍵在於是否懂得採取明廳暗房的原則，了解到落地玻璃只適用於客廳，睡房無此必要。只是現代樓宇強調景觀，有些樓宇睡房不單有落地玻璃，更有露台，極為通風採光，卻變得亢陽太甚，廳明房亦明，失卻風水負陰抱陽的和衷共濟。

本書頭幾章談大局，談入屋直覺，到本章講屋內佈局，我們不難發現，風水的要旨一直貫徹陰陽和諧、光暗平衡、虛實互補的二元論原則。在中國人的宇宙觀之中，通過長時間觀察，認為自然是陰陽二氣相互聯袂的統一體，缺一不可，並且昇華成為一種通識，應用於每個空間之中，不論大小。風水與大自然關係密切，以二元論為基準順理成章。

岔筆一談，筆者在前作中指出，風水是一個辨識度很高的中國人品牌，但不代表擁有專利；又稱風水是一套地地道道中國人的三才觀，若然放諸四方，很容易水土不服，準繩度成疑，房屋採光是另一個例子。中國人總喜歡客廳光線充足，光光猛猛才是理想的居住環境，風水好；但若將這套觀念放諸傳統日本民居之中，卻是另一回事，不能想當然地生搬硬套。谷崎潤一郎是日本明治時期的文學家，在《陰翳禮讚》一書中提及日本陰翳美學的觀念，「美往往由實際生活中發展而成，我們的祖先不得已住在幽暗的房間裡，不知不覺在陰翳中發現了美，進而為了達到美的目的而利用了陰翳」[03]，認為幽暗才是別具韻味的生活美學，因之日本的家屋和寺院等建築，多巨型屋檐等建構物，像太陽傘式阻隔陽光。屋內的走廊迴廊等設計也令光線變得迂迴，窗口糊上紙張，避免直接採光，光線不僅無力驅趕壁龕的陰暗，反而被陰暗倒推，造成明暗難分的混沌世界；甚至採用不會反光的砂壁，令柔弱的光線也

03 谷崎潤一郎著，孟慶樞譯：《陰翳禮讚》，河北教育出版社，2000年，第19頁。

要消失殆盡，室內盡是一片陰翳幽暗，處處刻意佈署，反映出日本人怎樣看待生活，「即使身處幽暗之處也會泰然，對一切採取隨遇而安的態度。光線暗，就讓它暗好了，自得其樂，反而能在當中尋找出美來。」[04]陰翳才是日本人自覺的宜居環境，以至生活中所用的餐皿亦少見光亮平滑，總是黑漆樸實，沉厚粗糙，穿黑衣亦很常見，低調卻明顯地展露一份審慎內斂、低調隱藏的民族性。中日差異的原因無他，彼此成長環境、民俗性不同，對宜居生活的定義亦有歧異，你強將你認為好風水的概念加諸於日本人和其民居之上，隨時適得其反，反之亦然。風水存在地域性，信焉？

對流窗

若我們參觀中國傳統古宅，不妨留意一下，窗戶一般比較細小，一來由於防盜原因，二來窗戶不像今日用來採光通風。若然窗口太大，牽動了大門或其他窗口的氣流，一時間對流太強，猛風穿室而過，吹翻室內傢具陳設，造成損毀破壞，甚或令大門「砰」一聲關上，令家人老人家與小孩突然受驚。這種情況顯然也不符合宜居條件，所以風水上視為不吉，並用了一個不討好的名稱——「穿堂煞」來形容。

04 同註 3，第 31-32 頁。

現在一般戶型設計，客廳一面通常是大窗甚至是落地玻璃窗，有些單位在飯廳那面還會開一扇側窗作對流之用，大小不定，若兩面同時打開，產生「風壓」或俗稱「扯風」的效果，令屋內通爽，也令人很爽是不是？然而風水貴乎平和，打開對流窗，突如其來罡風亂竄，令生氣外洩，違背了藏風聚水原則。而且有些樓宇設計，飯廳一面的窗對開是天井或暗槽，內裡長年不見天日，空氣混濁，又容易藏污納垢，在此方開窗將穢氣扯進屋內，猶如打開病毒溫床，有礙身體健康，同時一室充滿難聞氣味，中者欲嘔，怎算得上宜居？這種通爽帶來的短暫好處，隨時得不償失。

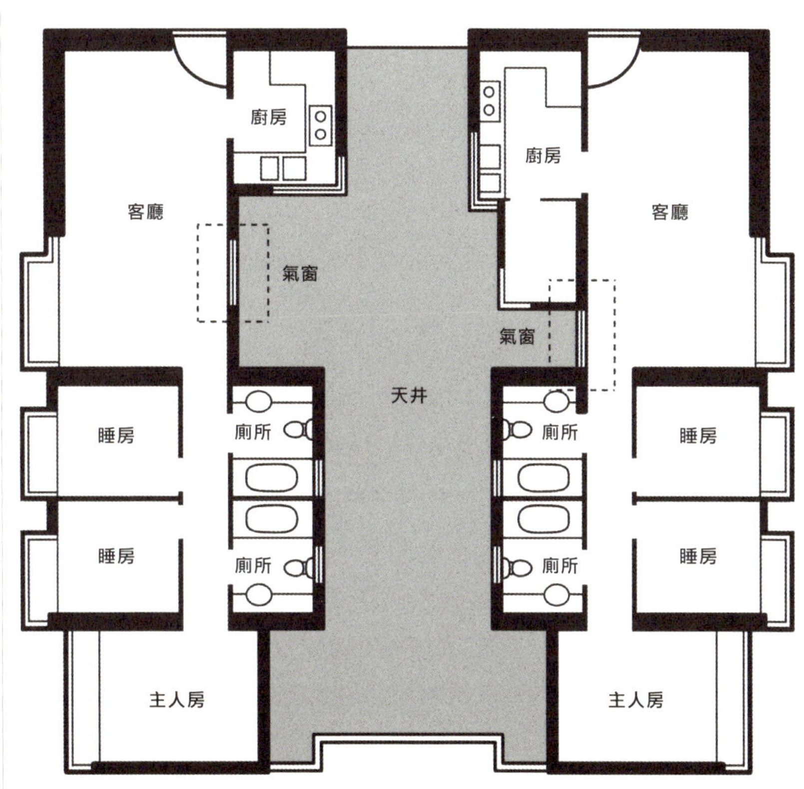

◉ 青衣一大型屋苑的平面圖，類似例子在香港亦頗常見。

【延伸閱讀】

風水的另一個角色

一直以來，在統治者的層面，風水被視作王權的表述，將宮城化作法天象地原則的載體，象徵君主承天之命管治萬民，藉以加強在地管治的認受性；在一般民眾的層面，通過風水與大自然和諧共處，歷象日月星辰，敬授民時，是一套求生指南，趨吉避凶的手段。但是，有西方的學者研究發現，中國的風水原來介乎統治者和平民之間，另有一重不為人知的角色——地方官吏引用風水來治理鄉村社會，解決爭議，確保社區和諧。影響所及，竟漸次將法律與風水的界線變得模糊，與今日兩者的定位大相逕庭。

Tristan G. Brown是麻省理工大學副教授，專研近代中國的法律、科學、宗教和環境學等題目，最近出版了新書*Laws of the Land*：*Fengshui and the State in Qing Dynasty China*（普林斯頓大學出版社，2023），暫無中譯本，筆者考諸書內容，譯為《清朝時期中國的地方風水法律》，刻意將風水和法律混為一談。

該書厚達356頁，縱非煌煌巨構，也確實下了不少功夫搜證和論述，指出地方政府和官僚機構對於風水非常重視，認為它對整個社會和國家的運作起著重要的作用。我們知道民間風水由來已久，但滿清官府將之與法律等量齊觀，背後還涉及一個恢宏歷史場景——用風水對抗十九世紀西方帝國主義的侵略。在滿清最後數十年的光景中，官僚試圖用充滿東方主義色彩的風水與入侵的西方人抗衡，每當列強在中國興建教堂、鐵路、電報等設施時，常以破壞風水為名搪塞和抗拒。

今天有人視風水為迷信，清朝官員卻將之與法律條文同等看待。書中透露，官方制訂精準地圖，並清楚附上風水法則，圖文並茂，白紙黑字記錄，當遇上相關土地訴訟時，即以該地圖和文字作為判決憑據，例如限制建築物的高度、危險活動和容易造成火警的工業。他們認為這種國有國法的辦事方式，具有相當說服力，確實一時令西方列強無可奈何，辯駁無從。舉一個例子，書中記載：「在法律記錄中，當事人稱他們的生活與風水樹有關。因此，如果一個人把樹砍得不當，就會切斷地脈，導致兒童生病和死亡。為什麼這個論點在法庭上具有淩駕性作用？燃油焦慮（引申指對環境的憂慮）是許多家庭真正關心的問題，而清朝官員都知道。」（第33頁，筆者譯）你要起鐵路，我卻不容你隨便砍樹，類似事例，在中國不同地方蜂起，雙方各執一詞，造成連場文化角力。

◉ Tristan G. Brown 著作中插圖（第 38 頁），展示清末官府把風水載入法規。

當時西方的漢學家視風水為不合理，跟法律相悖，作者認為這是大錯特錯：「本書將法律與風水結合起來，不是將其視作矛盾的說法，而是將其視為支持帝國治理和行政的共同原則聯繫，從根本上修正了對兩者的理解。」（第5頁，筆者譯）換言之，聰明的地方官僚清楚意識到，風水迷信不迷信不是重點，而是視之為與法律互補的手段，解決管治上遇到的問題，達到社區和諧，在弱勢中保持民族尊嚴。

作者的另一點發現，也可能令看待風水為江湖伎倆的現代人始料不及。原來在清朝，時人把風水當作嚴謹的學科，如飢似渴地閱讀和鑽研，有正版年鑑和百科全書，許多人還著書立說，以成一家之言。筆者檢察風水書單，此說的確成立，明末清初有繆希雍把風水與中醫結合的《葬經翼》、蔣平階把點穴與江河並論的《水龍經》、箬冠道人談東四命西四命的《八宅明鏡》、張覺正的《陽宅愛眾篇》、成於眾手的《陽宅十書》和《地理五訣》等等，不一而足。

該書出版後獲得學術界讚譽，有學者甚至稱其為中國歷史作出了貢獻：「Brown offers an impressive, fine-combed reading of sources that paint a vivid picture of fenshui' s signature importance within local life and Qing law. A terrific contribution to Chinese history.」（Jonathan Schlesinger, Indiana University, Bloomington）本節並非書評，該書的詳細內容不再多談，讀者有興趣可以按圖索驥進一步了解。筆者只想說明，西方學者談風水，從無教你如何趨吉避凶，如何化煞和安文昌竹，更沒有奢言令你風生水起，只是老老實實跟你擺史實，講現象。至於看後你信還是不信，相信並非作者在意的目的，甚至是個不存在的命題。

筆者談論本書，是想藉此探討外間學者怎樣看待風水。他們視風水為一個嚴肅的學術題目，放之於大學殿堂，毫不掩飾，就以「風水」之名光明正大討論，研究成果並由大學出版社刊印，全球發行。反之，風水在中國作為著名品牌，談論時還要琵琶半遮面，大學學科固然不能上榜，社會上許多人還貼上標籤，稱風水落後迷信云云，不屑一顧。諷刺的是，幾百年前的清朝，態度比現在還開放，我們有沒有一點汗顏？無疑，社會上確實有許多流入江湖的風水，然而這只是個別版塊，還不是拼圖的全部。當西方學者以嚴謹學術態度看待風水，我們能否也將有關知識公開討論？閉門造車，自吹自擂了這麼多年，怎怪得外間人這樣看？

門縫中間藏墨浸，
代代賢能出方正；
一塊碗片一枝筷，
後代兒孫乞丐是。

——《魯班經》

第七章

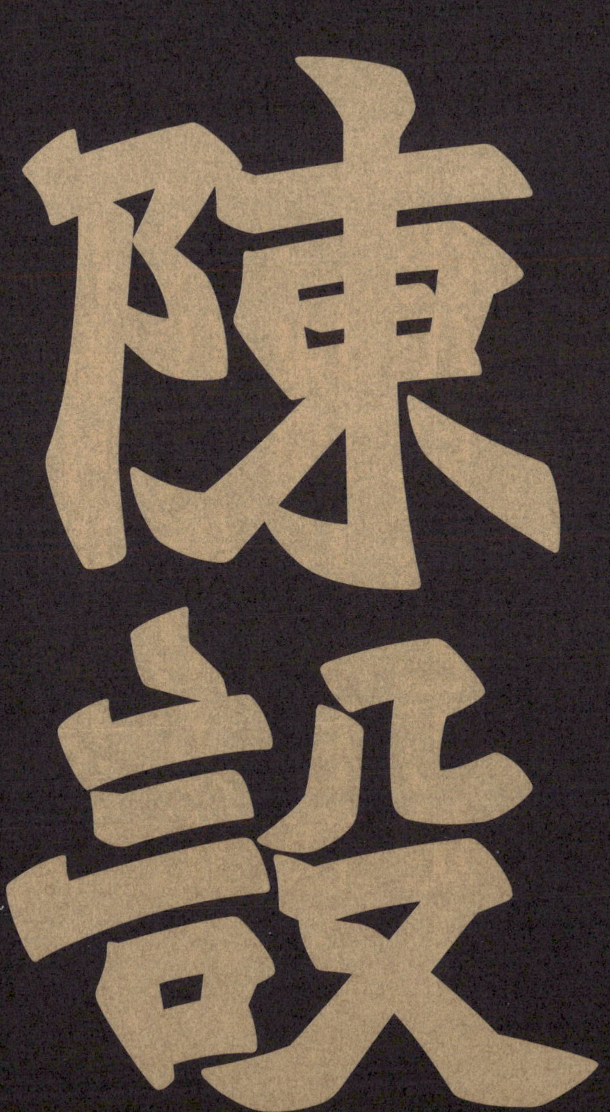

明代編撰的《魯班經》，除了是古代建築手冊外，也附有「厭勝」的記載，是工人「加料」的秘技。所謂「厭勝」，即以鎮物魘服他人，通過擺放具特定意義的物件操控宅中人命運，若令家宅不寧，稱為制壓厭勝。不過，厭勝也不一定要加害於人，有時亦為屋主祈福，是為吉祥厭勝，上文引用魯班經此四句就是例子。

風水中也有類似做法，但多傾向於制壓厭勝。有時我們經過一些人家門前（尤其是舊式樓宇），間中會發現在鐵閘上掛了一面八卦鏡等物，一般情況，是認為對家有不潔甚或邪靈之物，為保自家平安，要用八卦鏡「邪住」對方，這也是坊間對風水的其中一種理解。

除了八卦鏡以外，還有黃紙紅字的符籙、用桃木或銅錢做的劍，通常稱之為法器，作為一種供特定儀式使用的器具；以至在大戶門口擺放的石獅和石麒麟等等，作為風水形象化的體現。

探源溯本，風水的成分確乎相當複雜，從應對自然環境開始，涉及天文地理和民族性情；踏入皇權時代，還衍生出天命史觀等人文學科。隨著朝代更替，儒釋道三家思想相繼摻合，各自物化以外更互為推演，風水作為中國文化的一支更無疑問。

儒釋道以三教並稱，始於北周時期，到隋唐三教正式講論與融通，逐步合流，與風水理論的發展正好吻合。當時風水體系架構正式成型，經典著作如《葬經》（托名東晉郭璞）、《黃帝宅經》、《撼龍經》、《疑龍經》、《雪心賦》、《博山篇》同時代面世，定立了今天風水的大概輪廓，作者儒釋道中人皆有。

天地閉，釋道現

每個朝代進入晚期，建制破局，天下大亂時，定於一尊的官方思想都會失卻時用，新思潮紛紛萌芽，嘗試提出挽救方法，所以越在亂世，越能造就百花齊放的盛世，遠至春秋戰國如是，近至清末民初如是，在漢朝末年亦循固定軌跡發生。西漢自武帝聽從董仲舒建議，罷黜百家，獨尊儒術，儒家理論走進各個社會範疇，成為文化主流，風水是其中之一。連大儒孔子也強調天人合一的概念，將天文施之於政治，說：「為政以德，譬如北辰，眾星共（拱）之。」（《論語·為政第二》）影響所及，漢長安城就是模仿天星分野的斗城設計。不過，以道家為代表，糅合方技術數的非主流文化其實從未消失，而是潛伏於王朝顯學之下，靜待乘時而起的機會。這種非主流文化，又可稱為實用文化，強調趨吉避凶，人人合用，最容易在坊間流傳。有學者指出「從考古和地方發現，古代真正流行的書籍主要是後者（即道家文化），直接可追溯到早期文明和史前時代，似是人類共同的原始思維。」[01]

歷經王莽新朝到東漢末年，社會動盪，民不聊生，不論統治者和百姓都對儒家思想的作用起了疑心；加上當時盛行讖緯之說，令儒家披上荒誕色彩，更難令人信服，於是一些「新」想法乘時冒起，包括蟄伏已久的道家思想。踏入魏晉之際，中國踏入一個歷史上最混亂黑暗的時代，篡弒頻仍，人命如草芥。慌亂的民眾尋求心靈慰藉，解放自我，於是好談有無本末，自然無為，社會極速玄學化，令道教自西漢初年後再次崛起；至於佛家也藉著抱持普渡眾生的思想，在生靈塗炭的亂世格外受到眾人追捧，尤其因果報應、輪迴之說，能讓人寄望於來世，藉此緩解眼前苦難帶來的傷痛；而儒家近三百多年的傳播，當然不會一時消弭，影響力猶在，在欠缺一統思想的破局中，造成儒釋道三派合流。

01 亢亮、亢羽編著：《風水與建築》，天津百花文藝出版社，1999 年 2 月，第 27 頁。

道教與厭勝

構成風水學的元素眾多，各有捭闔長短，導致門派亦眾。在元明以前，以論斷山川形勢為主，即肉眼可見的巒頭局面，講究龍、砂、水、穴、向，一般稱為「形家」；又有以元運、陰陽五行等不具象的法則為據，以向首方位起盤，判斷吉凶，一般稱為「理家」；還有以擇日建屋及入伙為業的「日家」，又稱為日法，以及以符咒厭勝彌補家宅不利的符鎮法，道家大致屬於此類。

漢初由於經歷秦亂，社會疲憊，極需休養生息，道家黃老無為思想合乎時用，一度登上政治舞台，後來隨漢武帝重用儒學而退隱，輾轉到東漢末年又活躍起來，進入社會不同領域，逐漸與儒家分庭抗禮。儒家講天人合一，強調禮制秩序，宮城佈局需與之呼應；道家則講「以道蒞天下」（《道德經·第六十章》），道士在亂世中救世，降魔伏妖，所以道家的代表人物，總在改朝換代出現，略舉如下：東漢末年的張角，主張「蒼天已死，黃天當立」，發動叛變，史稱「黃巾之亂」；王重陽出現在宋末元初，創立全真教；張三丰出現在元末明初，創立武當派。到明末清初，又有「地仙」之稱的蔣大鴻聞名於世，開玄空一派，又創蔣盤羅經，追隨者甚眾，且紛紛著書立說，令玄空成為近代風水主流；以及寫《八宅明鏡》而被視為八宅派祖師的箬冠道人，八宅風水以東四命及西四命為算宅系統，亦曾流行一時。蔣大鴻、箬冠道人兩位，與風水關係尤其密切。

前作講宮城佈局，分別在長安、南京和北京各章也提及過厭勝。厭勝的出處，最早見於董仲舒《春秋繁露傳》卷十七：「凡天地之物，乘以其泰而生，厭於其勝而死，四時之變是也。故冬之水氣，東加於春而木生，乘其泰也；春之生，西至金而死，厭於勝也。」乘泰而生，厭勝而死，厭勝就是討厭相勝。

按董仲舒的原意，厭勝用於大自然四季生剋制化，所謂：「春之所生而不得過秋，秋之所生不得過夏，天之數也」，後來轉變成為施之於人類的技法。厭勝是以詛咒，配合法器以壓制所厭惡的人、鬼怪或物件等，與道家的符鎮法十分類似。這裡必須強調，厭勝的厭，讀作「壓」。在前作中引用學者張劍葳的說法：「厭，乙甲切，音壓」（第106頁）；今再引著名語言學家王力《古代漢語》，稱：「厭，讀『ya』，鎮壓。」[02]壓是霸凌的表現，符合王道的表述，所以古代使用厭勝者，都是赫赫有名大權在握的統治者，包括我們熟悉的秦始皇。在前作南京一章，提及南京又名秣陵，甚至傳說秦淮河也跟厭勝有關，是為了貫通長江，以斷龍氣（第166頁），後來才有槳聲燈影那麼優美。

道士常見法器

今日我們常見家居中用黃符貼閘，八卦鏡掛窗，就是風水滲入道家理論的例證。中國的道家屬五術（即山、醫、命、卜、相）學派，一襲青衣道袍，頭戴道冠，腳踏十方布鞋的道士，往往同時精通風水學問。厭勝落在道士手裡，變成使用不同法器，執行生剋制化，鎮壓外道為目的的任務，例子有：

(1) 符咒。包括符籙和咒語，目前多數已經合二為一，在清代風水典籍《陽宅十書》中有圖文並茂記錄。符咒即我們常見的黃紙紅字畫符，分為不同種類，有鎮宅符、門符、地穴符、井符、床符、甚至陰宅符，道士經常以之召神趕鬼，降魔伏妖，治病去災。符通常書寫於紙、木、石、帛之上，以紙符最常見，道士會以指代筆，寫上字非字、畫非畫的符號，一時唸唸有詞，一時雙眼閉合，像與鬼神溝通，然後大喝一聲，貼於鎮壓之物上。符籙又稱為丹書，最早可

02 王力主編：《古代漢語》，中華書局，1998 年校訂重排本，第 149 頁。

追溯至秦末之際陳勝、吳廣起義，稱於魚肚中發現寫有「陳勝王」三字的布帛。到今日，太平清醮中尚有於大缸中經符籙去穢的儀式。「周邊產品」還有符水及煉丹術等物。

(2) 桃木劍。古代尊桃樹為仙木，認為桃木具有神奇力量，能夠壓服邪氣，先秦時候在門戶上立桃柄笤帚以鎮宅。道士以之作法，並改為桃木劍，劍身亦刻有符咒，以收斬妖除魔，護身助運的效用；銅錢劍作用相似，銅質視為利器，能夠披荊斬棘，擊退邪魔外道，當成鎮宅物懸於屋內。

(3) 八卦鏡。也是常用法器，其反射功能被視為具有神秘力量，可以扭轉乾坤，化煞制敵，後來被風水文化所吸收，道士在煉丹和作法時都會掛上。八卦鏡一般朝向室外，凹凸兩面使用各有不同，凹鏡作收納，例如屋宅形格洩氣，面對令運勢散逸的諸煞，如反弓水或開門見樓梯等，能令屋運穩定；凸鏡作用相反，驅除屋外刑煞，如直衝水或天斬煞等，避免其煞氣入屋。

這些法器作用有多大，恕筆者無法說明，只想再一次強調，心理作用也有作用，如果掛上這些法器令自己心裡較踏實，又沒有引起鄰居反感，一掛無妨；相反，若然掛後與鄰居交惡，導致風波不斷，失去鎮家安居原意，就無謂麻煩自招了。

由於道教的介入，有時風水與驅鬼捉鬼已難區分。道士常用紙符鎮壓妖邪，或用劍威嚇鬼物，令到風水原只關乎一城一宅吉凶，牽涉到人鬼神之間角力，越變越複雜。至於木匠施工中厭勝的使用，在《魯班經》中特闢專章記載，例如在橫樑間或枋柱間放毛筆墨盒，出讀書人；放古錢正反兩枚，名利雙收；又或放小棺材，剋死居住者；放白虎圖，戶主招惹是非或多疾病等等（前作106頁），更將風水推至建築施工的範疇，牽涉到屋主與工匠間的僱傭關係。厭勝到處「焫著火頭」，令風水更難定於一統。

佛教與開光佛珠

東漢末年，道教以外，佛教亦乘時而起。一來其教義與傳統儒家並無重大衝突，依賴自力感悟，了脫出世入世；而且當時佛教徒為了傳教，迎合民間盛行占驗的風尚，為信眾卜卦問吉凶，頗受社會歡迎，於是佛教逐漸與儒道並肩，後來中國許多風水大家，都是佛教中人。

風水中的九星——貪狼、巨門、祿存、文曲、廉貞、武曲、破軍、左輔、右弼——源自北斗七星，由唐朝僧一行（683-727）從佛典中引進，撰於其著作《梵天火羅》之中。據《舊唐書卷191》記載，一行少聰敏，博覽經史，「尤精曆象、陰陽、五行之學」。一行著述亦多，相傳風水書《滅蠻經》即為其作品。至於著有《疑龍經》、《撼龍經》、《一粒粟》而被譽為玄空風水祖師爺的楊筠松，本身也是一名佛教徒。到宋代，據劉祥光《宋代風水文化的擴展》，當時佛寺的興修也講求風水，文中引陸游的記載為例，稱：「卜地者以為在法百世不廢，且將出名僧」，小結稱「顯然當初建此寺院時，經過風水擇地。」[03]

而貴為元朝開國之君忽必烈國師的劉秉忠，身份原是一名和尚，後來才還俗出山。劉秉忠傳世的風水作品就是籌建元大都，其中軸立向為日後明清紫禁城所沿襲。而元朝之元，亦是劉秉忠取《易經》中「大哉乾元」之意，意思是乾元之氣蓬勃盛大，能振皇朝聲威，建議忽必烈採用，後世才有元朝之名。

風水中關於佛教的法器有開光佛珠，聲稱能夠趨吉避凶，鎮宅驅邪，又稱小葉紫檀佛珠，可以調節氣血，幫助睡眠。筆者未見識過

03　劉祥光著：〈宋代風水文化的擴展〉，《台大歷史學報》第45期，2010年6月，第30頁。

這些給佛道高僧加持過的名物威力，不敢妄斷作用，還是老話，如果穿戴後覺得心裡療癒，摒除雜念，一試也無妨。

另一例子是大宅門前的石獅子，利用萬獸之王來辟邪擋煞，護宅鎮宅，效果跟鎮墓獸相似。眾所周知，風水上有四神——朱雀、玄武、青龍、白虎，而佛經中也有類似的守護靈物，分別是龍、烏龜、老虎、獅子和孔雀等，能夠護持佛法，護佑眾生。

此外，石獅子下的基座稱為須彌座，須彌原是佛經中的山名，是佛教的聖山，被視作世界的中心，「在印度把須彌山作為佛像的基座，意思是佛坐在聖山之上，可以更顯示出對佛的尊敬。」[04]到唐朝，楊筠松將之定為風水上的祖山，稱：「須彌山為天下骨，中鎮天地為巨物。」（《撼龍經》）上書提及的中國三大龍脈，其發源之地皆在須彌山。自此須彌之名不脛而走，儼然也是風水中的聖山。

◉ 故宮有六對獅子，以太和殿門前的最大，一踏繡球，一護幼獅，造型威猛，震懾邪惡，鎮守皇宮。

04　樓慶西著：《中國小品建築十講》，香港中和出版社，2016 年，第 91 頁。

不過，相比於道家，佛教與風水有關的法器或擺設只屬少數，更多的是形而上的思維模式。佛家強調因果報應，與風水的吉凶禍福觀念存在微妙的對應關係，引發佛家中人參悟互通，將本業知識融入風水典籍之中，上文提及的僧一行和楊筠松等都是先行者，後世反而少見。

儒家與中軸線

儒家與風水法器沾邊更少，其思想具體體現在宮城的選址和佈局之上，是另類風水文本。儒家經典典籍《中庸》，重視不偏不倚，過猶不及都不理想，宮城是君主權力的象徵，也要貫徹這種原則，於是從一個道德標準轉化成對空間的要求，建都須在天下之中，所以早期的王朝宮城皆在中原一帶，後來隨著歷史變局，僻處一隅的南京和北京才榮膺國都。儒家也通過宮城佈局空間作表述，藉著中軸線來體現禮制秩序、君臣名份；風水上《河圖》《洛書》以中為據，先後天數分佈八方，飛星盤也將運星入中，飛躔八方又以歸中作結，突顯中央與外圍的從屬關係。有關宮城的解說可參閱前作。

一般「法器」

撇除宗教背景外，坊間還流行其他「法器」，這裡加上引號，是因為這些所謂法器原本只是尋常物品，只因其材質帶有某種五行屬性，於是被情商客串，應用到風水厭勝之上，諸如風鈴（金）、音樂盒（金）、銅錢（金）、竹葉（木）、盆卉（土），甚至魚缸（水）和魚的顏色、紅色掛畫或地氈（火）等等，兼職風水法器。風水之法，除了強調陰陽平衡以外，五行生剋是另一要則，這裡可以簡單講解一下。

對於觀察世界如何構成，不同族群得出不同元素，西方以火、土、風、水為主，印度有水、火、土、風和光，中國則有金、木、水、火、土五行，彼此之間存在相生和相剋關係。五行相生，令萬物得以成長；五行相剋，令萬行得以平衡。從生活基本提昇到哲學層次，宇宙中萬物的發展和變化皆從五行而來，早在春秋戰國時代的《尚書·周書·洪範》已有有關五行的記載，並各具特質：「水曰潤下，火曰炎上，木曰曲直，金曰從革，土爰稼穡。」好風水的原則在於平衡及和諧發展，而五行間既構成一種平等角力，又屬大自然元素，順理成章成為風水法則的主要載體，利用相生趨吉，利用相剋避凶。

制煞不如化煞

有一點必須留意，筆者一直強調，風水是中國文化的產物，與中國人的稟性相通。中國人最喜說「以和為貴」，認為「多一事不如少一事」，「大事化小，小事化無」，強調與其以力制人，把矛盾激化，衝突升級，不如協調化解，把鬥爭消弭於無形。影響所及，風水上的五行亦按此原則執行，稱之為「制煞不如化煞」，原來把敵對勢力為我所用，手段其實更高明。例如屋內某個方位金重，原本根據五行相剋原則，可用火剋金，遏止金的惡劣影響，然而「冤冤相報何時了」，如此劍拔弩張，互相廝殺，不為中國人所喜；所以寧願用水，利用金生水的原則，洩金之氣，大家和和氣氣，相安無事。明乎此，若有風水師建議你在屋內某處放魚缸，很大可能該方位金重；在某處放風鈴，則該方位土重，如此類推。

至於相生，則是在某方位利用外力使之加強，例如剛過去的八運之八屬土，用紅色物件如紅地氈，或電視電器等屬火之物，通過火生土的原則催旺運星八；現行九運之九屬火，用竹製、木製品等屬木之物，通過木生火的原則催旺當元運星九；又例如文昌位屬水屬木，則放水種竹之類，並且數目也要呼應，一般用四枝竹等等。

掌握五行生剋的原理，便明白根本並無指定法器，只要了解某物屬哪個五行便足以執行任務。以化解土的金為例，可以用前述的風鈴或音樂盒，或用上商朝青銅器或清朝五帝錢亦無不可；又或要洩火之氣，簡單如泥土盆栽，又或漢唐流傳至今的陶俑亦沒問題，分別只在於五行的輕重和生死之別。風水師建議的法器，不過是一向以來習慣採用而已，跟不跟從，不影響效果。

五行物件以外，甚至一些具特定意象之物也能應用。例如古時候大夫或郎中行走江湖，通常腰間斜掛著一個葫蘆，喜其密閉性強，內裡藏著丸散膏丹給人治病，因此葫蘆具有褪病扶危的象徵意義，今天一般置於屋內病符的方位。

紫水晶無以名之

一般常見法器以外，目前坊間還流行不同顏色的水晶，有水晶球、水晶柱和水晶洞等，以紫色最常見。至於效果如何，筆者無法判斷。水晶此物，從不見載於古代風水典籍，甚至近代如《沈氏玄空學》、《宅運新案》，書內縱有談及通過五行進行生煞制化（最著名如養魚），也不見用水晶。

蓋風水陳設一如前述，通常以五行生剋為運用原則，而紫水晶等擺設，物料屬土，顏色屬火，閃爍時屬金，那應該如何將之歸類？不歸類又如何按五行原則應用？筆者甚至懷疑是否不用比使用好？但疑點利益歸於被告，不宜一筆抹煞水晶作用，只是筆者從不使用，希望信眾做好期望管理，避免失望而回。至於招財用招財貓之類，真的「得啖笑」而已。

筆者相信法器具有作用，但一定不足以扭轉大局，起死回生。撫心自問，你以為這裡擺紫水晶，那裡放音樂盒和幾枝文昌竹，就可以催旺氣運，藥到病除，小朋友學業猛進？信風水，不一定要閹割常識，認知閉合。風水講求整體配合，必須要大局合度，來路合算，元運合時，各種元素巧妙湊局才有理想效果，法器的角色，最多只能錦上添花，湊湊場面而已。

合流不合作

風水跟曆法都強調時效，原來它們在王朝中的角色亦相似，同樣具有彰示王權的作用，以至兩者的發展亦猶如雙軌列車，軌跡同出一轍。以觀測天文為準的曆法，在西漢頒佈「太初曆」後，一直由朝廷定於一統，民間不許私自著書解說；到清朝覆亡後，曆書不再由欽天監等官方機構刊刻，一時百花齊放。為增加銷路，民間各出奇謀，內容再不限於天文曆算，摻雜了許多跟曆法有關的題材，種類五花八門，包括強調時辰擇日的術數。隨手一揭，已見有金錢卦、稱骨歌、造葬以及「生於皇帝頭」「生於皇帝手」又如何的相法，也有教你寫符驅鬼；再普及到文學作品如《三字經》、《千字文》和《廿四孝故事》亦編修在內，無所不包，名副其實一本《通書》。

至於大用在選宅建都的風水，過去為帝王之術，屬皇朝顯學，收於朝廷，將之系統化專門化，術者為朝廷命官，承尊上旨意差遣和闡述，有關文獻亦為官方所編，論調一致。到唐朝中葉以後，戰亂頻仍，朝廷逐漸分崩離析，原任職欽天監的術者流落民間，為謀生各以教導風水為業，令風水的流派眾多，以至有說法稱「巒頭無假，理氣無真」，「百二十家渺無訣」之謂。

但中國的曆法，主要以干支、帝王和年號紀年為綱領，少見儒釋道的身影，風水則蘊含三家元素，互不相干卻又難以割裂，甚至有同室操戈的味道。

自魏晉之後，儒釋道之間逐步合流，至隋唐成形，四大石窟中的大足石刻主要內容就為三教合流；而於河南嵩山的少室山安陽宮主殿洞內祀孔子、釋迦牟尼和老子，門前寫上：「才分天地人總屬一理，教有儒釋道終歸一途。」宋明之後三教合流完全成熟，明代畫家丁雲鵬將三派代表人物孔子、釋迦牟尼和老子畫成像老朋友聚首，好不融洽。近在我們熟悉的屯門青山灣，也有一座三聖廟，供奉著三位聖人，附近屋村更以三聖村命名。

然而三教合流只限於思想範疇，成為一種民間信仰，在風水的層面上卻恍如陌路，各自存活；中國術數向來又特別強調守秘，門派間競以保存師傳秘笈為業，除了互相指責貶斥，幾乎從來不作公開討論，坦誠相見。於是同以風水之名，執行時從自身系統抽取對號方案，各施各法。玄空風水是風水，擇日占卜是風水，畫符種生基是風水，門前擺石獅子也是風水，令人莫衷一是。早在《漢書·藝文志》時代，已經將術數類分為六種：一天文，二曆譜，三五行，四蓍龜（即以蓍草、龜甲等行占卜），五雜占，六形法，經歷了二千年，分門別派情況未見歸一，反而越趨散亂，碎片化的風水，如何撿拾重整？各據山頭下，從來沒有風水中人願意將之折衷調和，也沒有人可以一統江湖，振臂一呼由他說了算，於是造成今天的亂象——提起風水，一時引經據典，各有家傳秘笈，一時又怪力亂神，作法驅鬼，一時又與科學糾纏，充斥氣場力學，給人感覺成分太複雜，品流也混雜。沒有憑據下，哪位大師名氣越大，識見就越正確，越接近風水正宗。

◉ 三聖廟門前清楚寫明「儒釋道一家」，筆者攝。

◉ 丁雲鵬《三教圖軸》（圖片來源：維基共享資源）

【延伸閱讀】

三叉八卦下的意識層

本章談風水的法器，掛了三叉八卦若令閣下心裡好過，又不會傷害別人，不違反大廈公契規定，其實不礙事，悉隨尊便。筆者經常強調，心理作用都是作用，水至清則無魚，不用太過執著社會標籤……至於如何擺放三叉八卦，坊間論之已詳，筆者反而想談談看風水的心理因素。說起心理，不得不提在第三章已經出過場的現代心理學之父弗洛伊德。

將弗洛伊德的理論應用於解析中國文化，不自筆者始。有一本書名為《精神分析狂潮——弗洛伊德在中國》，內容主要分為兩部分，前章介紹弗洛伊德生平和學說，後章挑選了包括魯迅、馮友蘭、俞平伯等中國作家的不同文學和哲學作品，以「精神分析與中國現代文學」為題作出剖析。著有《中國哲學史》等書的馮友蘭，也有用弗洛伊德的學說分析某些社會文化現象，譬如說髒話，以「國罵」為題，稱「他媽的」所以流行，經常把對方的「令壽堂」放在嘴邊，是因為「蓋中國對於性慾之禮教最嚴——性慾受壓最甚，故發泄性慾之別路，亦為最多。」[05]至於被譽為中國美學拓展者之一的朱光潛，則用弗洛伊德著名的潛意識論解構神話、文藝宗教、教育等課題，譬如說神話，「大半無稽，現代人物知識本能夠察破他的荒唐。但人人還歡喜談神話，這就是隱意識的作用……他不過是原始人類的慾望在幻想中實現罷了。」[06]

05 陳思和主編：《精神分析狂潮——弗洛伊德在中國》，江西高校出版社，2009年6月，第154頁。

06 同上。

箇中淵源，是上世紀二三十年代，弗洛伊德的理論在歐洲風行一時，其後隨著中國開展新文化運動，王國維和蔡元培等推手介紹歐美文學和心理學的翻譯作品，於是傳入了民國的文化界。當時中國甚至有評論將弗洛伊德的「夢之解析」主張，與愛因斯坦(Albert Einstein, 1879-1955) 的「相對論」相提並論，指是「同為現代科學一極堪注意之事」[07]。弗洛伊德的學說，引導人們對自身的精神狀況和心理結構進行深度研究，與同樣強調心理狀態刻畫的文學作品不謀而合。

風水也是一種社會文化現象，既然前有古人，筆者也不揣鄙陋，湊湊熱鬧，借對弗洛伊德的粗淺認識談風水的心理文化，同時也請教了一位相識已久的心理學家，略談擺放風水法器的背後意識。

弗洛伊德認為，意識的結構，大致分為三個層次：意識，前意識和潛意識，比重各有不同。他有一個著明的冰山理論 (Iceberg Theory of Consciousness)，意識 (conscious) 是冰山露出水面的部分，只佔整體小部分，指一個人當前所感覺到和能夠注意到的心理活動；前意識 (preconscious) 指那些目前沒有被關注到但是可以被召回到意識中的心理活動，例如記憶；潛意識 (subconscious) 在意識的最下層，也佔整個意識最大部分，是指那些目前無法被意識到的心理活動和內容，例如壓抑的慾望、想法和情感等等。

認識了弗洛伊德理論的三個意識層，便可以開始談「我」跟風水的關係。「我」也分三層：本我，超我和自我。

07 同上，第 12 頁。

(1) 本我 (id) 。人類與生俱來的原始慾望，一個人的基本需要和意識自我認同，埋藏在最深層的潛意識當中。筆者認為追求安居的生活也應在此列。安居的定義之一是與環境和諧契合，生存是一種本能，人類選擇棲息地，內心深處具有自我防衛機制，不會自陷絕境，明知洪水猛獸也與之共存，風水就是追求宜居生活的反映，人皆有之的本能驅動力。所以筆者在前作中強調，風水是一種集體潛意識表現，不分種族地域，雖然它是辨識度很高的中國人品牌，但不代表擁有專利。

(2) 超我 (superego) 。是一個人內心的道德和價值觀，經由社會規範和家庭教育的灌輸，成為眾人理想期望中的我，循規蹈矩、不小氣、不張狂。明明對對面鄰居那王八的三叉八卦鏡看不順眼，老是覺得它們「㓥住」自己，渾身不自在，雖然想報復，可是受制於外間的道德標準，懼怕別人眼光和評價，唯有超越自我，壓抑自己的慾望，想幹而不敢幹。

(3) 自我 (ego) 。人畢竟有本能有情緒，我們固然不能為所欲為，卻也不能一直壓抑下去，於是希望中間落墨，取得一個平衡，在不超越社會規範下 (即不能犯法) ，對準鄰居掛三叉八卦，甚至還可以暗中念咒，用外力加持，為建設心中宜居之地掃除障礙，沾沾自喜。

所以不要小覷三叉八卦等法器，甚或譏之為迷信落後，它能替人抒解心中鬱悶，調和本我的慾望與超我的規範，說來實在功德無量。只是不幸地，許多人以為三叉八卦就等如風水的全部，只知化煞制煞，兵來將擋，亦即停留在最上層意識的階段。有這種條件反射式的前設，毋須思考，毋須考證，難怪風水經常予人淺薄印象。

兼職心理醫生

談起心理作用，自然想到心理醫生。風水雖然原本純粹涉及山川形勢、建屋形制，然而終究為人所用，在主觀情感傾注下，風水恍如一種精神寄託，無形中走進了形而上的領域。尤其是一般人順風順水時，不會看風水；到逆風忤水時，心境越脆弱，越容易勾搭風水，此其一；又或是剛買了房子，希望有人說這裡風水好，讓這個重大決定得到加持，令心裡好過，此其二。所以有人將風水視作現代心理學的一部分，問題是風水受心理影響，等如受心情影響，心情有好有壞，情緒有高有低，放諸於風水，便令原本客觀抽離的風水，再難永遠維持本色，同一間屋，一時好風水，一時壞風水，都得看當事人心情，風水師得身兼多職。筆者有時以為，若由心理醫生來給人看風水，說不定更易被人捧為風水大師。

衡量一座城市的標準不是它的長度和寬度，而是它視野的廣度和夢想的高度。

——赫伯特・卡昂（Herbert Caen），美國作家

第八章 內外六事

對風水規條來說，視野是思考的起點，佈局是思考的終點。從宅外大局環境決定宅內各項細節，重點在於翕聚、充實和潔淨。本章談宅內「三要」、「六事」，「三要」指宅門、廳堂和居室，前文中已有提及；「六事」分內外，然而在具體闡述之前，宜先釐清中國人的數字觀念，避免望文生義，以為六事特指某六事，或者九龍是指九個山峰，流於捨本逐末，沒有對焦核心。

三和六，不僅代表一個確數，也指無限演化，所以說三三不盡，六六無窮。老子說：「道生一，一生二，三生萬物。」（《道德經》第四十二章）《易經》亦以三爻為一卦，視其能概括事物變化，再演為重卦六爻，則把森羅萬象的世事都囊括其中了。

至於九龍的九，一說是指八個山頭，分別是鴉巢山、尖山、筆架山、獅子山、雞胸山、慈雲山、大老山、東山和飛鵝山，加上曾流亡至香港的宋帝昺，便是九條龍云云。

筆者認為，若我們了解中國傳統對稱謂和書寫的習慣，便知道九只解作眾多，並非實際數字。例如在秦漢時代，中央政治架構上有三公九卿制度，在御史大夫、丞相府和太尉三公之下設九卿，但這九卿並不一定指九個，而是解作諸卿，作為分掌實際政務的部門長官總稱。另一個例子是九屬陽數中最大，引伸為極限，所以筆者在前作中提及，九霄雲外形容極高，九州方圓形容極廣，九泉之下形容極深，數九寒天形容極冷，許多時候並沒有確切數目的意思。以香港為例，在大埔以北、粉嶺東南也有一個九龍坑山，按照九龍等如九山邏輯，我們是否也要頑固地追尋是哪九個山頭組成？

◉ 九龍山脈的筆架山及獅子山段

說起九龍，筆者認為，此語根本是個風水名詞，九為多為極，虛見於飛星理數，實見於宮殿建築開間；龍此字更是「常客」，龍脈、龍首原、龍蟠虎踞，為山之潛隱起伏的形象化描述，或是水法來氣、穴位佈局，不一而足，跟青龍白虎無異。若摒除風水元素，只客觀形容地貌，九龍大可名為多山、眾山、毋須跟龍沾邊。見山而稱為龍，顯見風水意識早植入民心。

六事毋須拘泥

言歸正傳，風水上內外六事，不止於六件事，只是一個統稱，指居室視野可及的諸外物事。過去，屋外的環境諸如路、橋、廟、水井、廁和牲畜欄等稱為外六事；屋內的佈局諸如門、窗、床、門廊、廚灶、碓磨和樓梯等稱為內六事，不過毋須過於執著細目，視之為屋內外諸物事即可。關於六事的文字記載，見於箬冠道人所著的《八宅明鏡》，談及一些分佈的法則宜忌，例如門要開在四吉方，坐山的青龍房，符合門外有來水的要求；灶則要開在四凶方，但灶門要面朝吉方等。

時至今日，隨著時代進步，環境不斷改善，內外六事的項目也有所調整，例如水井換了入屋水喉，廁所在屋內，牲畜欄遠離民居等，所以土瓜灣的牛棚早已沒牛，現在變成了藝術家的展覽場地，天水圍的水田也變成了民居。

在第二章提及，風水上，住宅視乎所置身的環境、分為山谷之宅，曠野之宅和井邑之宅，後者即指處於城邑聚落中，它四周的屋宇、道路、牆垣雖是人工施為而成，仍被視為具有自然生態中龍砂水穴環境的性質。《陽宅會心集》云：「一層街衢為一層水，一層牆屋為一層砂，門前街道即是明堂，對面屋宇即為案山。」此書清朝出版，反映其時已經有對風水的當代詮釋，時至今日，局面當然亦有所不同。因此，重點在於準確掌握風水要旨、文化符號的內涵，靈活運用，才可應對日新月異的時代要求，勿再糾纏於僵化的風水形式和術語，淪於皮相。

室外

第一事：見墳

香港地缺人稠，儘管一些厭惡性設施如墳場和骨灰龕場，對環境衛生有負面影響，加上觀感不佳，不受當區居民歡迎，已逐步遷至偏遠地方，但部分在市區中仍舊存在，特別是依山而建的永遠墳場一直屹立至今，有些地方更與住宅並排而立，造成獨特的城市景點。要評論好壞，不妨以古代的城市規劃為據。

古人相信，生死有別，陰陽異路。在夏朝二里頭遺址，據目前考古發現，宮殿區與墓葬區毗鄰而立；直至商朝多次遷都，中葉以後定都河南安陽，宮城選址在洹河東面汭位，墓葬區則置於西北面的洹河對岸，兩地存在一段距離。因此筆者相信，若以殷墟遺址推斷，今日堪輿上陰宅和陽宅的觀念，很可能出自商代。先人墓葬之處，稱為陰宅；生人居住之處，稱為陽宅。在遺體感應說的觀念下，陰宅墓葬得地，可以庇蔭後人，然而由於陰宅和陽宅對環境要求不同，前者宜靜宜藏，後者宜動宜顯，二者地域上必須清楚劃分。這點跟外國人墓葬概念截然不同，不管在日本或西方國家，居住的社區中有墳場很常見，例如東京核心區內有青山靈園，在英國甚至有Magnificent Seven Cemeteries環繞倫敦市興建，因為在他們眼中，墳場只是一個安葬先人的莊嚴地方，既無鬼怪聯想，亦無太多禁忌，這點與中國人不同。

區分陰宅陽宅

商朝以後，中國統一王朝的皇陵選址雖然各有考量開闔，然而陰陽從未合宅則成定例。到秦朝，眾所周知秦始皇墓在咸陽城以東約60公里的驪山，再往東則是供秦始皇建立地下幽冥王國的兵馬俑；漢朝的陵墓以漢高祖劉邦的長陵為首，建於渭水北岸，與漢長安城隔江遙遙相對；唐朝首創依山為陵，唐太宗李世民的昭陵建於九嵕山之上，及後的唐高宗和武則天共葬於乾陵，距長安超過80公里，為首個皇帝合葬墓；宋朝皇陵基於五音姓利說，認為趙姓屬方音，墓葬選址利於東南高、西北低的地形，因此選擇遠至河南鞏縣，跟宮城相距達百多公里，更加遙不可及；元朝以遊牧民族起家，四方流徙，沒有建陵蓋墓，成古思汗死後僅以衣冠塚埋葬，在漠北一帶秘密墓葬，「萬馬踏平」，具體位置至今依然成謎；明朝皇陵選址聽從廖均卿建議，建於黃土山，後因此地為天子落葬之處，改名為天壽山，亦即明十三陵所在，距北京故宮50公里；清朝皇帝葬於河北清東陵和清西陵，前者埋葬順治、康熙、乾隆，後者有雍正、嘉慶、道光等，較明十三陵距離北京城更遠。由此可見，由秦至清，皇城和皇陵皆明確恪守分置原則，從未混居一處。

◉ 跟荃灣華人永遠墳場毗連的屋苑，筆者攝。

筆者認為，出於中國人生死有別的觀念，一貫不喜陰宅陽宅毗鄰而立，這點與身份無關，皇帝與平民一視同仁。不過即使見墳，我們也應該從山脈走向加以細分。風水講究氣脈，如居所與墳場同處一地，如同出一個祖山，共用一條脈，同氣連枝，未免陰陽雜沓；而且，既是墳場，陰氣較重，作為陽人居住之地，的確並不太恰當。香港有不少例子，例如香港仔華人永遠墳場東面和西面一帶屋苑、柴灣永遠墳場以北屋苑，筆者現場所見，每次開窗都像跟隔籬鄰舍打招呼，親密得越了界；又或者在荃灣華人永遠墳場東北方有一個屋苑，情況類似，筆者每次經過，不論是平日或周末，四周氛圍總是靜悄悄，區外人絕跡。最近重遊，赫然發現同名的商場早已停業，目前更全幢出售。商場講人流，卻開在墓靜的墳場旁邊，結果不太令人意外。

然而，若是對岸見墳，雙方隔了一個水域，反而問題不大，因為彼此落脈不同，像跟鄰村異姓人碰面，不同鄉下，不必相認。再以荃灣華人永遠墳場為例，若從青衣近牙鷹洲一帶望去，墳場的確在視線之內；又或在鴨脷洲遠眺香港仔墳場，隔了一個避風塘，見墳場不足為患，風水上並不礙事，若有任何影響，只屬心理層面，毋須庸人自擾，反而附近有施工中的工地，動了地氣，影響較大。

第二事：見廟及其他宗教建築

「夏尚忠，商尚鬼，周尚文」，不遲於商朝，古人已經熱衷於祭祀，天、神、鬼、傳說人物和動物等都是拜謝的對象，廟宇就是供祭祀和信眾祈求庇佑的地方。《左傳·成公十三年》稱：「國之大事，唯祀與戎」，所以廟宇的價值重大，不容忽視。

古代進行城市規劃時，廟宇佈局必在考慮之列。據中國史上第一篇有關宮城佈局的記載《周禮‧考工記》中稱：「國中九經九緯，經塗九軌，左祖右社」，規定王宮的路門外左邊是宗廟，亦即不在皇宮之內。情況跟見墳相似，廟宇供奉祖先或神明等陰物，畢竟並非陽人所屬的地方，理應作出分隔，因此歷代宮城建設皆按此原則規劃。

隋唐長安城

受命於隋文帝興建大興城（唐代始改稱長安城），宇文愷以長安城龍首原南麓六條高崗視作乾卦六爻，第一爻為王宮禁苑，第二爻為皇帝所居的宮城太極殿，第三爻為行政機關所在的王城，第四爻介乎王城與民居的邊界，第五爻原是上卦正中之位，最為尊貴，「不欲常人居之，故置玄都觀及興善寺鎮之」（《元和郡縣圖志‧卷一‧京兆府》），第六爻不宜居，建道觀，唐時改為大慈恩寺。宇文愷顯然將宮城與作為宗教供奉場所的道觀和寺廟分置，恪守陰陽二路的原則。

宋汴京城

一馬平川，四河交滙的汴京，嚴格按照《周禮‧考工記》中王宮居於城中央的原則，整體呈菱角回字形，格局雖與隋唐長安城有異，惟同樣將道觀廟宇置於宮城之外，大昊天寺和天長觀在北面，開寶寺和崇玄觀在東北面，不會與宮城混居。

明清紫禁城

秉承左祖右社規條，不論南京紫禁城或北京紫禁城，太廟皆建於午門前左面，而不在紫禁城內。至於作為明清兩代皇帝祭天、祈穀和祈雨最重要的場所，天壇建於王城以南，則是按照《周易》先天八卦方位而定，乾在南，壇上四門亦由乾卦而來，分別是元、亨、利、貞。天壇直線距離北京紫禁城約五公里，並不接近。

由此可見，傳統上寺廟與皇城民居明確區分出來。風水作為中國人文觀的一種反映，對不同廟宇方位帶來的影響亦有述及，有一句口訣是「廟前貧，廟後富，廟左廟右出寡婦」，旁人看來，雖然這句口訣淺白又押韻，像江湖賣藝口語，筆者卻不認為可以等閒視之，背後埋藏著重要的風水原則。

廟宇的啟示

首先，風水上認為龍脈帶氣而至，蜿蜒而下，到山腳入海，則氣為之盡，不利陽人，卻利陰物，包括供奉神鬼及先人等廟宇，所以一般廟宇皆建於海邊，若該地以漁業為主，天后廟等更不可少。以香港為例，要了解各區未填海前的原來地域，從寺廟位置可得線索。今天灣仔海旁已延伸至會議中心，其實該區最初的海岸線在皇后大道東。目前近大王東街和大王西街有一座洪聖古廟，亦即大道中以北的地方都是填海得來，證據是廟前建有一堵石欄杆，防止潮漲時海水湧入，行人不能從正門直入，須改用兩側入口。

相同情況見於香港仔，在香港仔大道和水塘道交界，有一座天后古廟，廟前的香港仔核心區，包括商業和居住區原是一個淺灘；天后廟道的名字更加直接取自銅鑼灣天后古廟，所以現時廟前一個

◉ 灣仔洪聖古廟，筆者攝。

偌大的維多利亞公園，上世紀五十年代還是個避風塘。其他例子還包括筲箕灣東大街和荃灣綠楊新村前，分別也有一座天后古廟和天后宮；在澳門等中國南方沿海地區，例子更是多不勝數。

所謂廟前貧，亦即入海之地，既然氣盡才建廟，若還居住於廟前，當更無生氣入屋，焉得不貧？此當然並非理想選址；所謂廟後富，亦即入海前之地，依山而下之氣還未盡，故尚有餘氣可承，因之謂富，屬可選址之地；所謂廟左廟右出寡婦，廟始終屬陰物，不利陽生，廟宇荒蕪猶自可，若廟宇香火鼎盛，代表陰氣越盛，對陽人越不利，最嚴重者可損人丁，故謂出寡婦。

不過，此幾句重點在於了解山海界線的意義，遣詞用字僅屬一種比喻，毋須拘泥當真，況且又不是打仗招男丁的時候，怎可能廟左廟右都出寡婦。反而，讀者需留意，在善信長年絡繹不絕的廟宇，年三十晚人人爭上頭炷香，或年初二大量市民排隊轉風車等情況頗為常見，附近一般較不宜居，讀者可自行斟酌取捨。

第三事：見高塔

古代建築物受制於材料供應、對設計和力學的有限掌握，一般較為低矮，並無高樓大廈概念，稍高者已載入史冊，如隋唐長安城大雁塔，以及洛陽城的明堂和天堂。武則天時代，洛陽稱之為神都，藉以取代長安成為國家首都；皇城稱為紫微城，建於整個洛陽城西北方，取象天上的紫微垣，並在城內建天堂。據《朝野僉載·卷五》記載，天堂高達312.09米，是當時世界上最高的建築物，又稱通天塔、通天浮屠，專供武則天禮佛之用，電影《狄仁傑之通天帝國》的劇情亦是圍繞著通天塔展開。另外，武則天又建明堂，初號「萬象神宮」，用作舉行重大朝廷禮儀活動，地位相當於明清故宮的太和殿。明堂是史上體量最大的木結構建築，基底正方90 x 90米，高88米，其顯赫壯麗可知。

另一歷史上著名高塔，是建於明成祖年間的大報恩寺，是成祖為報答父親明太祖朱元璋和母親孝慈高皇后馬氏的生養之恩而建。大報恩寺是一座大型琉璃塔，由鄭和督建，耗時19年，高達78.2米，據稱可遠眺數十里外的長江，可惜後來毀於火災。

風水是關於居所如何與周遭環境融合的學問，因此對高塔方位和形態亦有所著墨，稱之為嶠星。據蔣大鴻《天元五歌·論陽宅》：「矗矗高高名嶠星，樓台殿閣亦同評；或在身旁或遙應，能迴八氣到家庭；嶠壓旺方能受蔭，嶠壓凶方死氣侵。」若從住處望去，周遭若有嶠星等高聳建築物，具有迴風返氣的作用，至於嶠星的吉凶，需視乎飛星所躔踞的方位而定，這裡涉及風水操作細節，暫從略。但該章中另有四句較容易理解：「宅前逼近有奇峰，不分衰旺皆成凶，抬頭咫尺巍峨起，泰山壓倒有何功。」就是不論方位，不論時運，不喜嶠星過於貼近住處，當開門開窗時，眼前龐然巨物遮光蔽日，壓迫感猶如泰山在前，產生巨大心理壓力，容易影響情緒。而且居所與嶠星高度造成懸殊對比，亦不符合中庸之道，所以一般以遠離嶠星為妙。

◉ 香港摩天大廈林立，迴風反氣現象極為普遍，看風水時要多加注意。

第四事：開門見廁

廁所居家必備，卻又帶來異味，因此中國古代廁所多置於屋舍以外，通常與豬欄相連，將排泄物作為餵豬飼料，十分環保。而為遮掩臭味，常以茅草覆蓋糞坑，所以一般稱為茅廁或茅坑。

古時皇帝要解決，會有御用工具，稱之為官房，用上紫檀木或黃花梨等上乘材料來配合尊貴身份，方便後交由宮女及太監善後；至於後宮上千之數的一干宮女太監如有便意，必須跑得老遠，使用移動「恭桶」，還要加上炭灰等物闢味，避免沾污皇上的聖嗅。

廁所畢竟是藏污納垢之地，雖重要但不受歡迎。以明清故宮為例，儘管面積廣達72萬平方米，大小宮殿70餘座，然而偌大若一個紫禁城，竟無一個廁所，平面圖中，只有宮殿和城門名稱，廁所等名字被隱去。

岔筆一談，為什麼將盛載尿糞等不潔物的器具叫馬桶？是原本給馬用，後來給人用嗎？洗手間以前稱為茅廁，古人懶到屋外解決，發明了一種便攜式溺器，稱為虎子，名稱來源眾說紛紜，一說厭老虎食人，一說和漢朝將軍李廣有關，把打獵射死的老虎鑄像為溲器，以示蔑辱。較可靠的說法是，唐高祖李淵的祖父名為李虎，而古人講究避尊者諱，怎能把開國皇帝爺爺的名字用在如廁的器具上[01]？於是將虎子改為馬子，後來甚至改成桶形，「盛載量」更多，所以稱為馬桶了。

01 講歷史的王老師著：《古代人的日常生活》，江蘇鳳凰文藝出版社，2020 年 3 月，第 14 頁。

現代人多住高樓大廈，廁所不能置於屋外，唯有以眼不見為妙。香港近年一些房屋開則，出現開門見廁的設計（特別以新近落成的居屋為多），即打開大門，即正對廁所。這種格局有人認為風水欠佳，稱會漏財，又令屋中人霉運纏身，筆者認為答案是yes and no。Yes的意思是若把風水歸納為現代環境學或心理學一部分，甫打開大門，此等厭惡物馬上進入視野，的確惹人嫌棄，加上若之前如廁「善後不周」，還有中人欲嘔的味道傳來，情況更惡劣，甚至影響健康；不過，若單從風水理氣的角度，始終要論屋內佈局與飛星的配合，要知道每間屋星曜組合總會吉凶互見，若凶星落在廁廚，反能泄其煞氣，又並非壞事，所以不宜一概而論開門見廁不吉，宜通盤考慮為佳。

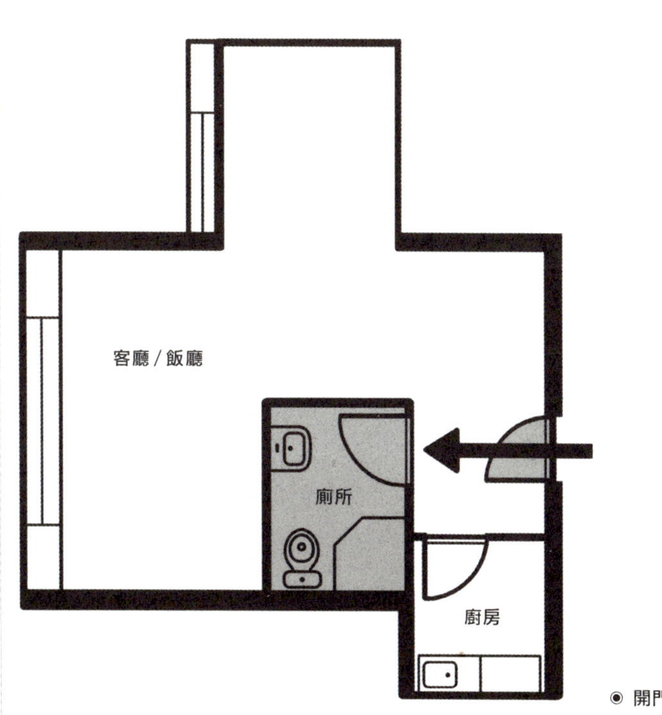

◉ 開門見廁圖則一例

第五事：黑廁

沒有窗口的衛生間，稱為黑廁，與明廁相對。古人將廁所置於屋外，通常搭建一個茅廬，上下通風，宣洩氣味，避免如廁中人被自己所出熏死，所以沒有黑廁問題。現在為令樓宇設計更具彈性，盡量利用單位優點，遷就景觀開則，廁所首先被犧牲，加上有抽氣扇等協助通風，於是黑廁逐漸普及，豪宅非豪宅都常見。那風水上如何看待黑廁？筆者認為，黑廁欠缺自然光線和通風，亦即對外阻隔，情況與第二章提及的掘頭路相同，卦象上是一個不交不通的否卦，密封閉塞，固然不是好事；而且廁所藏污納垢，遇上淋浴間的水氣，欠缺陽光和自然風下，通風不爽，容易造成細菌滋生，變成病毒溫床。

有人稱集多項功能於一身的浴室寶等，能有效解決黑廁問題，筆者恕難認同。風水的精粹在於擅用自然環境，配合氣候生態，做到宜居舒適，而非用人力或科技補救（詳情請參考第五章）。不管浴室寶效用如何，始終有違自然，而且消耗能源，也會造成環境破壞，久而久之，人們自食其果。可以選擇的話，何以放著自然調節不用，用機械跟自然作對？

第六事：開門見窗見陽台

第六章提及不宜開門直衝，指兩面皆虛，稱之為穿堂煞，不能聚氣，有違風水重視虛實並存的原則。開門見窗和見陽台的情況相似，開放空間跟屋外環境連接，全屋一覽無遺，不符合房舍翕聚的要求，同樣也有問題。若屋型如此，筆者有幾點建議：

一，入門加設屏風。屏風的陳設來源已久，最早可追溯至西周周成王時期，當時稱之為黼扆（音輔倚），常置於帝皇後座，上面通常畫上斧型花紋。屏風有防風、阻斷和遮隱的用途，同時美化空間，堪稱華實兼備，所以歷久不衰，到今天依然可用；二，添置高身鞋櫃／儲物櫃，或任何可避免一眼望穿的設施；三，窗口落簾，以不透光不通風為原則，作用像一堵牆一樣。

大廈式住戶還好化解，筆者反而想談談獨立屋的情況。按照相同原則，獨立屋大門應也避免與後花園直線接通，但有一點值得注意，若花園後有牆，阻隔了外面環境，情況還好，因為那堵牆的作用就像古代的照壁，遮擋視線，避免了外人向內窺視，有助增加安全感。照壁，又稱影壁或蕭牆，是一種傳統建築文化，也是中國人重視含蓄，不喜外揚的體現。風水講聚氣，但不能堵死，所以這堵牆也不能完全封閉。北京故宮門禁極其森嚴，尤其皇帝寢宮養心殿更加水潑不進，但殿前尚有一堵琉璃照壁，顯見並非用作防衛用途，而是已經昇華成為心安的載體，作用跟金水河呈環抱狀相同。若要比較，古代照壁置於大門前，是建築中之序；現在置於後花園後，則為建築中之後序，或稱為跋，都起到虛實相應的作用。至於花園外僅有欄杆，視線直通到外，則是徹頭徹尾的穿，無法聚氣，若府上情況如是，不妨以古為鑑，起一堵照壁解決問題。

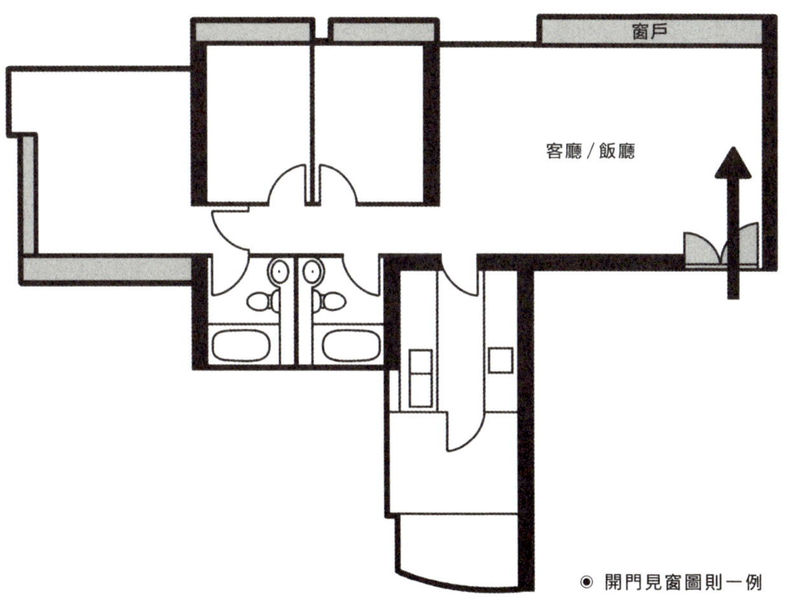

◉ 開門見窗圖則一例

【延伸閱讀】

能用 Chat GPT 看風水嗎？

作為本書的最後一章，理應對風水的未來角色作一點展望。目前AI已經走進我們生活的各個範疇，筆者忽發奇想，Chat GPT會取代風水師，給客人看風水嗎？

進入手機化的數碼時代，我們已經不用實地睇樓，可通過VR等科技，3D多角度參觀單位，猶如置身現場，間格內外一覽無遺；部分更有AI裝修功能，虛擬傢俬擺放，並有不同室內設計任你選擇，提供完成後效果圖……

到近年，Chat GPT急速崛起，AI大神似乎真的無所不能。筆者有朋友在大學任教，問她如何辨別學生的功課是自己做或是找Chat GPT代勞？她說如果交來的功課內容詳盡，旁徵博引，文筆流暢，用字準確，表達清晰，那幾可肯定不是學生自己所做。

若有讀者還未被Chat GPT攻陷，讓筆者略為介紹一下，也令下文的解說更易令人明白。由美國科技公司OpenAI研發的GPT，由2018年至今共第四代，加上一個Chat字，變成一個對話模式，打破了人與科技的隔膜。Chat GPT，中文全名是聊天生成型預訓練轉換器，一般稱為人工智能聊天機械人，通過輸入海量數據，訓練人工智能掌握和理解人類語言，梳理上文下理的邏輯關係，然後懂得依從指令高速運算，從龐大的資料庫中馬上找出相關內容，生成一個完整回答。

由於極其好使好用，效率驚人，自2022年11月推出兩個月後，活躍用戶人數已經超越一億，輕易把其他如IG、Tiktok等程式軟件遠遠拋離，勢成通訊交流科技新貴。據稱它已經可以取代許多工種，打破好多人的飯碗，當世界不同企業面對數碼化轉營，行業性質進行重組時，筆者十分好奇，當中包括看風水這行業嗎？

理論上機會不小。

Chat GPT除了輕鬆處理一般文書工作（寫信、寫電郵、寫計劃書、翻譯）外，還具備生成圖書的能力，相信不久將來，當風水師還在念念有辭，掐指一算時，只要我們輸入關鍵字，例如哪裡是財位，哪裡是病位，哪裡可添丁，Chat GPT少於三秒便可以生成一間圖文並茂的風水屋。

又或者香港住宅單位經常出現的五門歸心，筆者猜想，Chat GPT提供的答案可能不止楊筠松、蔣大鴻的說法，而是消化大量數據並有言之成理，令人非拜服不可。

風水歷來無法成為一門學科，原因之一，是自有史可徵的商周以來，從觀察而得的風水元素諸如陰陽、五行和八卦，原只屬個體獨立存在，隨著時代演化和有心人的努力，將之整理成一個具有實踐能力的理論體系；時代越後，累積的數據和理論越多，在散亂又浩瀚如海的文獻中，憑個人之力，實在難以作出概括而具系統性的整理。不要忘記，這些文獻還未包括由風水衍生而來的副產品（如宋代朱熹《山陵議狀》引起的軒然政治風波），即使有人嘗試整合，有時難免以偏概全，有時又由於門戶之見，私心自用，刻意偏重或忽略某些重要文獻和心得。

而Chat GPT的強項，正正在於將上述情況撥亂反正，給風水界幫一個天大的忙。有國際知名科普雜誌指出，Chat GPT學習的速度，不管是文字、圖片、網頁或社交媒介，超越人類幾百倍、幾千倍。更重要的是，它懂得聰明地吸收其中的內容，從海量的資訊中，排列出一個龐大又整齊的資料庫，像一個世界級的圖書館，兼具顧問功能，隨用隨有，而且永不關門。

所以，只要有人不斷餵飼風水的理論給Chat GPT，又假設不同問題予以訓練思辯，Chat GPT成為風水大師，似乎指日可待。問題是，風水的事情是這樣簡單嗎？

可以分為技術和人情兩個層面解釋。以前者而言，風水上，面對同一狀況的看法可以南轅北轍。舉一個例子，近代有八宅派和飛星派之分，由於理論基礎不同，對同一間屋吉凶的判斷有異十分常見，叫人無所適從，Chat GPT究竟如何抽取資料回答？

不過筆者估計，聰明的Chat GPT可能會答，A的做法可行，B的也可參考，請視乎個人需要和偏好作出取捨（筆者也領教過類似答案）。AI沒有私心（至少目前未有），筆者試問一些涉及個人喜好的問題：它總反覆強調：「作為一名人工智能……無法回答（下刪三百字）。」把要求表態的責任推得一乾二淨。

好，這個情況還好解決。談到人情，才是考起GPT的難題。筆者經驗，來看風水（或其他術數如面相、八字、斗數）的人，尋找的從來不止是風水本科的答案，往往還希望得到一份心靈安慰，藉著見風水師來「放負」。風水師最好告訴他們不要怕，一切沒問題，總有解決方法之類的寬心話，讓他們滿懷歡喜，鬆一口氣離去。根本從盛惠的潤金之中，有部分或大部分屬於心理治療費用，而風水師基於客人需要，也願意充當心理醫生角色，何妨美言安慰幾句，又可乘機吹噓自己能力，讓大家各得其所，大團圓結局。

於是，Chat GPT不懂回應的難題來了。Chat GPT無論如何聰明絕頂，反應敏捷，出口成文，畢竟只是一個電腦聊天軟件，雖然叫做Chat，當然具備基本的應對功能，問題是問卜者追求的情感安慰，通常都不會宣之於口，沒有問題，又何來答案？而Chat GPT自己也承認，到目前為止，還是欠缺人類的情感智慧，欠缺數據無法輸入的人生經驗和江湖歷練，沒有theory of mind，代入問者的心思。所以以看風水來說，無法為問卜者鑑貌辨色，然後見機行事，好言相勸，人工即使多麼智能，始終欠缺人的溫度。從技術的層面，Chat GPT無可挑剔；從關懷的層面，Chat GPT低分低能。要知道，由問卜者看來，有時一個確切的風水答案比不上一堆不著邊際的安慰說話有用，對著一部冷冰冰的軟件，怎期望一份暖心的emotional hook？要我不要緊，要得我開心才重要。

除非有一天，電影《2001太空漫遊》(*2001: A Space Odyssey*)中那個懂得情感行為的HAL 9000出現，否則到目前為止，老於世故的風水師大概還可以安心謀生。

後記　風水不止是術數

時至今日，許多人視風水為個人趨吉避凶，追求榮華富貴的手段，「風生水起」、「丁財兩旺」的「名句」深入民心，令風水的價值相當世俗。原本天下攘攘，皆為利往；天下熙熙，皆為利來；人同此心，講究利益本位，其實無可厚非。然而，若我們願意花一點時間深耕細作，檢視風水的初念和原則，你會發現，中國風水呈現的視野，遠比一般人所想的遼闊；它埋藏的內涵，也出乎意料的深邃。

筆者從來認為風水跟六壬、太乙和奇門等稱之為三式的術數不同，它雖同有預測學的成分，涉及法天象地、八卦干支等的技術性操作，但背後的理念和吉凶的判斷，卻是百分百由中國人的人文觀和生活智慧來駕馭。換言之，我們可以從風水的原則透析出中國人的本質，亦可以從中國人的角度解構風水的原委，從宏觀角度看到的風水價值，像在大世界漫遊，不再執著於個人休咎的末節。正如書法和繪畫等中國文化的產物一樣，風水扮演著一位無言的老師，教導我們中國人的哲學思想，讓風水回歸原來屬於它的層次。箇中例子，在前文各章中已有所述及，略嫌散碎，借本後記篇幅，再作整理，闡述如下：

陰陽與佈局

中國人一直嚮往大自然，著名漢學家李約瑟（Joseph Needham）說：「中國人的心態在本質上是世俗化的，熱愛生活和自然。」早在漢朝時期，董仲舒已經提出「天人合一」的理論，人們的生理和倫理等社會現象是自然界的反映，彼此之間存在著一種連繫、一份對應。

我們熱切期待跟大自然融合，追求統一，所以中國飲食文化講究「不時不食」，耕種強調「不違農時」。自然界有日出日落，先民在日常生活中，意識到晝夜、陰晴、冷暖和明暗等變化，通過長年觀察，總結出一種由陰陽主導的宇宙圖式，而風水也響應此原則辦事。陰陽是一個相對而非絕對的概念，二者互相倚賴，孤陽不生，孤陰不長，老子說：「萬物負陰而抱陽」，不能離開另一面單獨生存；由此衍生而來的理論很早已出現，醫學書籍《黃帝內經》中稱：「陰陽者，天地之道也。」

陰陽平衡相對，成為一條通則，大至一個宮城，小至一間民居一概適用。筆者稱為中國宮殿壓卷之作的紫禁城，外朝屬陽，內廷屬陰，因此外朝主殿佈局採用奇數，稱為五門三朝之制；內廷宮殿用偶數，如兩宮六寢，兩宮即乾清宮和坤寧宮（交泰殿為後來增建），六寢即東西六宮，皆用偶數，「認為在複雜的萬物中，每樣事物都包涵著陰與陽的對立統一」[01]，作為天意授權的宮殿，其建築形制自然也要遵守這原則。

風水強調坐滿朝空，或者坐空朝滿，再視乎理氣配合，方為及格；相反，兩邊皆滿或兩邊皆空，或為陷或為穿都不為美；又例如內文中提到理想的四合院佈局，需有風水留白，意思是上方為空，屬自然造化，下方為實，屬人工施為，原則一脈相承；而在理氣上，時下流行的九宮飛星，一至九的數字（五除外）各有卦象和陰陽所屬，每宮各有山星和向星兩個數字，陰陽組合克應，一般皆較陰陰或陽陽為佳，因為符合中國人平衡互濟的觀念，道理顯而易見。以至廳明房暗等原則，亦與陰陽均等相通，例子之多，簡直不勝枚舉，此其一。

01 于倬云著：《中國宮殿建築論文集——紫禁城宮殿總說》，紫禁城出版社，2000 年 12 月，第 135 頁。

內斂與四神

相對於西方人，傳統中國人性格普遍較為內斂含蓄，謹慎包容，不外向亦不喜歡出頭，關愛說話平常也不多宣之於口，親如父子亦如是。我們讀朱自清的《背影》，老邁的父親給兒子送別，帶著傴僂的身軀，不顧自己行動不便也要買幾個橘子給孩子車上用，然後輕輕交帶了一兩句便走，關切盡在不言中。讀來有共鳴，因為這是我們平時溝通方式的典型，社會上也盡多聽見「君子之交淡如水」、「槍打出頭鳥」等「至理明言」。

風水上重視四神全，一個理想的格局，背後有玄武為靠，左右有青龍和白虎拱衛，前面雖開一面與外界交通，同時要有案山和朝山遮擋；並且最好四神以外，還多一重護砂，層層環抱，全方位圍攏，追求一分牢固的安全感，反映了中國文化的封閉性和內向性。四神全正是這種心態的物化，滿足內斂含蓄，謹慎包容的個性，而建築作為人與自然界的中介，風水上也貫徹著這種中國人的個性產物。例如四合院的格局，四面房子圍攏，一家人樂享一個近乎封閉的天地，符合中國人的文化基因，我們覺得這樣才是理想居停，極少像西方人把房子建在類似山頂海邊的開揚地方；以至望海也要求翕聚，島嶼星羅棋佈，看不見缺口，才是風水上上乘的水法；而四合院中間偌大的天井，對應周邊緊接的門牆，形成一個內寬外閉的格局，又與陰陽互濟的原則相承，此其二。

天圓地方與宮城

根據對自然現象的觀測，中國人早於西周時期已經產生天圓地方的概念，稱之為蓋天說。天上日月星辰流動，形如張蓋，象圓；地下居停駐足，形如棋盤，象方。天圓地方，象徵時間和空間，一個永無止境運行，一個靜止穩定，除了又一次貫徹陰陽相對的原則，更重要的是，天圓地方的宇宙觀引伸到中國人的思想原則和行為標準。「智欲其圓道，行欲其方正」，處世之道追求外圓內方，外表像圓形通融，溫和好相處；內心方正有稜角，抱持己見，保身而不失自我。

外圓內方的原則也應用到其他範疇，良渚文化的玉琮是一例，古銅錢和筷子是一例，風水是另一例。形制上，皇家宮殿建築講究天圓地方，唐朝洛陽城的明堂天堂、明成祖年間的大報恩寺，以至北京故宮天壇，都以圓形興建；而宮城則歷朝歷代皆成方形，因為人（包括天子）居於地上，平民更不在話下，中國幾乎所有民居都呈方形，寄寓著對平穩的訴求。理氣上，風水有二十四山之設，由十個天干、十二個地支和四個卦組成，建構出整個360度的周天，作運算飛躔的基礎，元運每二十年一轉，皆具動態；然後施之於地上方形居所，重土輕遷，不隨便變更，是為靜物。以天算地，以動馭靜。此其三。

中庸與中宮

中國人重視平衡中正，一個「中」字，不偏不倚，將「中」代表合適的意識表露無遺，經典《中庸》是道德行為的最高標準，教導我們做人的道理。置中，令四方均衡，左右對稱，才穩定可靠，是天下人的準則，連皇帝也要遵從，乾隆大書「允執厥中」於中和殿的匾額上，示己示人。

同樣地，「中」的概念橫向衍生，影響及於幾乎所有層面。中國人喜歡寫對聯，不論喪慶，左右一句，字數相同，意義相近，平仄也要諧協。「詩聖」杜甫以擅寫律詩獨步詩壇，八行律詩中必定有兩組對仗的句子，「無邊落木蕭蕭下，不盡長江滾滾來」，相信大家耳熟能詳；香港人熟悉的例子有「今夕吾軀歸故土，他朝君體也相同」（嚴格來說，「歸故土」與「也相同」並不成對）。

風水亦然，我們琅琅上口的青龍白虎，左右相對，青對白，龍對虎，五行上木對金，成長喜慶對肅殺鎮懾。而且青龍白虎存，配合朱雀玄武，令定穴之位得以置中，得左右拱衛，既是「形學」上的一種平衡，也在「理學」上得到全面照應，令人心理覺得安穩，不論陰宅陽宅，視之為理想的風水格局。青龍白虎以外，風水也講究金、木、水、火、土五行相生相剋，缺一不可，在顏色、形狀、材質，甚至能量上，令環境具有一個更協調的氣場，為中央之中服務。至於風水上常稱以《河圖》為體，《洛書》為用，兩者皆以中宮為本位，前者一六水，二七火，三八木，四九金分佈四面，後者一至九等數字飛躔八方，更凸顯中央的淩駕性地位，加強對平衡中正的重視，此其四。

大宗遺產

關於中國文化和風水的關係，若再作引譬連類，還有此其五、此其六、此其七下去，現只舉其要而已。筆者視風水為中國文化的厚積薄發，繼往開來，配合時代背景，合乎邏輯地演繹和發揮，所以信風水可以視為一種社會現象，也是一種文化現象，而文化正是族群基於相同習性、理念和長年的社會實踐而來，一種約定俗下的共同外在表現。打個譬喻，我們的民族性和人文觀就像一把雕刻刀，用相同刀法塑造不同的文化琢面，所以我們的書法、繪畫、詩歌、對聯以至風水和紫微斗數都具有普遍一致性，觀念一脈相承。而且文化之化就是變化和造化，風水是中國人應對自然環境的造化，理所當然蘊藏著許多中國人的文化。

風水本身可堪玩味之處，在於它的多元內涵和延伸，可以「公器私用」，將長年累月積聚的集體智慧，為一家一宅趨吉避凶；也可以「公器公用」，將風水所反映出的理念和原則，提要鈎玄，更深入地了解中國人的性情和智慧。它跟太乙、奇門和六壬和而不同，太乙用於天，奇門用於地，六壬用於人，風水將三者結合，更能體現中國人觀察自然，然後應對自然的領悟和智慧。

今天許多人將風水與現代環境學、地理學、心理學，甚至科學相提並論，足以反映風水覆蓋面之廣。它是術數無疑，卻又不止是術數，清代《四庫全書》將風水編於子部術數類，看似理所當然，筆者認為是待慢了風水，也看輕了風水，未見其詳。前作中稱風水的大用在於建邦設都，只說出了一半，如果我們能撇掉對個人利益的考量，不太過熱衷於趨吉避凶，則風水另一半的大用，在於反映出中國的山川面貌，也釐清了我們的文化和習性輪廓。梁思成談論中國的建築說：「中國建築既是延續了兩千餘年的一種工程技術，本身已造成一個藝術系統，許多建築物便是我們文化的表現，藝術的大宗遺產。」[02]

風水如何與建築關係密切，相信前文已有足夠闡述，所以風水的大宗遺產價值，可以跟中國的建築等量齊觀，筆者大概也可以將本題改為《為什麼要研究中國風水》。吾道不孤，西方和日韓等地早有專家學者以此為題，進行研究和實踐。對於風水的作用，我們毋須過度頌揚，卻也不用妄自菲薄，倒不如老老實實將風水詳細剖析，供人們公開檢視和討論，那時再談迷信不迷信，騙人不騙人不遲。

一點親身體會，筆者既習風水，也學斗數，經過多年的體會，逐漸發現，學習的重點不在於懂得起盤安星等技術性操作，或者由看盤得出禍福判斷。術數一向強調的慧根原來不在術數，反而更在於了解中國人的思考方式，陰陽間透出的平衡、五行生剋、以和為貴、「中」字所帶來的穩定狀態等等，這才是「中」國和「中」國人的要義。

02　梁思成著，林洙編：《中國建築藝術》，香港中和出版社，2018 年，第 28 頁。

不患寡而患不均

本書共分八章，從八大古都中抽取合用元素，嘗試作出合理延伸和推演。先由宏觀的大局環境出發，順次收窄視野，到屋外環境道路，以至室內佈局和擺設。希望讀者明白，一屋一宅的風水從來不止於門向和飛星，否則便無法解釋同一宅運同一座向，際遇判若雲泥；風水也從來不止於一兩件開光法器，它是風水，但不是風水的全部。給三叉八卦、風鈴音樂盒雲遮霧繞，幾乎看不見風水的真身，筆者認為這才是個問題。

讀者會發現，第二章談及四神全的大局，是筆者在全書中著墨最多的一章，如此篇幅剪裁，確是刻意經營。先為大局定調，佔據首要位置，餘者排其後，說明主次必須分明，不容輕率，因為關乎到對風水的正確解讀。歷來有哪些智慧產物，不是先論格局？有格局，才能定高下；有格局，才能訂下綱領，駕馭細節。不然目光短狹，孜孜於皮毛末梢，能看出一個什麼天地？所下的判斷，亦必然欠缺大局的視野。當談一個人命造的八字也論格局的時候，很難理解涉及遼闊地理形勢的風水不論格局。

要追究起來，也不能全怪業者怠惰或者大意，而是專談飛星的沈氏玄空學太過深入民心；沈氏又不藏私，把洋洋灑灑三大冊的心血公諸於世，有意此道者如獲至寶，競相傳頌，於是單論門向的九宮飛星寡頭壟斷了風水業。其實只要我們將目光放遠，多認識一點風水歷史，便知道早在魏晉流傳的風水著作中，都多談大局，少論飛星。郭璞《葬書》一錘定音，給風水二字下了教科書式定義，涉及瀰漫四方的自然元素；唐代楊筠松《撼龍經》講山龍和平洋龍大局，從遠在中國邊陲的大西北說起，一路迤邐到廣闊中原；南宋的賴布衣《催官篇》，概以龍砂水空方位為斷；到明朝《三才圖會》繼志述事，提出北中南三大幹龍。有數的風水經典，哪本不是從宏觀角度談論大格鉅局？到清朝以後，積聚千年的風水學後出轉精，越論越細，固然是大勢所趨，也是可喜現象，做到論斷周密完備，面面俱到。然而，重視細節不代表不能兼容大局，若風水只論飛星，未免數典忘祖，本末倒置。

隨舉一例，便知道大局為何重要。時人看風水，若家中有人求學，總喜歡問哪處是文昌位，好得魁星眷屬，讓學子學業猛進。文昌先天格局在東南方，若以為在屋內此方用事，例如安放四枝文昌竹之類便已足夠，豈非人人考試都名列前茅？世事沒這麼多便宜可撿。大局的重要，原因之一，是宅內空間有限，產生的力量太少，杯水車薪，不足以扭轉乾坤。大局所以叫大局，就是眼界闊，規模大，外在山形水勢配合下，衝動起的文昌位，力量才大，加上個人努力，那四枝竹才起到錦上添花的作用；形勢不配合，再放幾枝竹幾枝文昌筆都屬徒勞。這種看法是否較為合理？人類是智慧的生物，不必因為看風水把自己污名化。大局往往可遇不可求，所以我們才要懂得認知，懂得選擇。

我們的聖賢有一句話：「不患寡而患不均」，筆者認為應用於風水生態也頗恰當。不是每個人對風水都有深入認識，更不是每個人都是風水業者，了解不多不是問題，但至少要有一種基本認知，知道看風水要看大局，有一種正確意識比無數個偏執觀念重要，不會窮一生之力執著於不符大體的細節，害自己白忙一場。

關於延伸閱讀

本書每章最後一節，筆者加插了延伸閱讀一欄，補充與該章有關主題的域外文字，內容東拉西扯，一時歷史讀物，一時科技軟件，一時什麼理論，浮想聯翩，希望讀者包涵。這是承前作的設定，本書將之恆常化，多費筆墨，只想為相關命題提供多一些時代氣息，或者多一個思考角度。原因是風水總難擺脫老派形象，愛穿長衫，腳踏布鞋的術者搖頭晃腦唸古訣，說舊法，好像很孤高，又很神秘。筆者多次強調，風水只是為適應環境而生存的一種集體智慧，理論原本相當入世，後來成為帝王術一部分，出於諱莫如深的政治考量，才逐漸披上神秘面紗，到今天毋須再故作高深，天機不可洩漏之語，其實不過遁詞。既然是集體智慧，就應該常人能解，運用常識，觸類旁通，加一點中國文化的基礎，認識風水從來不是術者的專利。

在風水上作延伸閱讀，是筆者認為風水乃中國文化的一部分，文化講求活力，否則會被淘汰，風水能夠流傳到今天，在於它適當注入時代元素，為時所用，只是演化的速度甚慢，不為人察覺而已。風水的基礎，諸如五行和八卦，在《易經》所屬的春秋時代中，還是兩個獨立的系統；到戰國時期，解釋《易經》的《易傳》出現，才將兩者連繫起來，賦予人文理性精神，把卜筮記錄昇華成為哲學論述；唐代楊筠松將山形與人的性情等而論之，已遠非秦漢風水只論天文的面目；明清紫禁城天人合一的佈局，渾然天成，形制與意識兼備，又較相同命題的隋唐長安城高超。因此，筆者認為，融合時代特徵來看風水，寫風水，才是這項傳統學說的本來走向。時代不同了，再頑固地唸古書古訣，墨守成規，眼界不高，意義亦不大。

潮流愛講可持續發展（sustainable development），涵蓋範圍廣泛，既是一種態度，也關乎自然環境、社會環境，歡迎共同參與，不同領域的人各抒己見，集思廣益，然後得以進步和進化。風水在很早以前已經貫徹這個概念，流入江湖後，才被人有意無意地抑止，故步自封，終究難以升格成為一種學科。外間說中國有科技無科學，風水何嘗不是？

好大煞氣？

李清照名句：「怎一個愁字了得」，牽動了幾多癡男怨女的情緒；風水上，怎一個煞字了得，也觸及幾多善男信女的神經。第六章提及穿堂煞，名堂好像煞有介事，大煞風景。事實上，風水上常以煞為題，諸如道路直衝稱槍煞，正對老房子的大樑稱穿心煞，望鏡又稱鏡煞，理氣上六七兩金交會又稱交劍煞等等等等，煞聲震天，好不駭人。煞與殺屬異體字，好容易以為此「煞」殺傷力極大，處處凶神當道，千萬嚴防。筆者經驗，見煞等字倒不必杞人憂天，庸人自擾。不錯，找一所風水絕佳的房子不容易，要大局合度，周遭環境應和，屋運又與宅主年命相配等等；然而，找一所風水極壞的房子可知也極難，要多重劣配才可堪「造就」，這樣才解釋到為什麼社會上中等人、中等運佔絕大多數。

風水上所謂的煞往往名不副實，古訣喜用煞字，與當時社會風氣和書寫文化有關，前文中已解釋，不贅。倒不如看看其他風水典籍，如何誇張其事。談論飛星的《紫白訣》，稱「退運必零退而嗣，煞運必橫禍而官災，死運損才」，「同七九到，必然萬室齊灰」，語氣肯定，「橫禍」兼「死運」，夠咄咄逼人沒有？「凶」「煞」連篇累牘的例子，不勝枚舉。紫微斗數談人生祿命，代表作《太微賦》，語意亦不客氣多少，「七殺廉貞同位，路上埋屍；破軍暗曜同鄉，水中作塚」，「七殺臨於身命加惡殺，必定死亡」，「鈴羊合於命宮遇白虎，須當刑戮」，若我們見字即感冒，恐怕屋運未至一語成讖，人卻已給迫瘋。

今人不察，看風水算祿命，將古訣照搬無誤，一來似乎於古有據，增強說服力，二來收鎮懾之效，令善男信女驚魂不定，乖乖依建議行事。其實只要想深一層，現代建築技術進步，屋則奇形怪狀百出，加上城市道路網絡縱橫，天橋彎道林立，如何小心趨避，總有幾煞「喺左近」，能擔心幾多？如果此煞果如其名，恐怕大部分人已經遭殃，還等得術師打救？若非房屋配搭過度失衡，處處劣配（事實亦不容易），根本毋須為遇煞而過於困惱，畢竟古今有別，此煞未必等同彼煞，術師建議能做便做，不能做亦毋須上心，反正所謂的煞力量往往比你想像中少。風水的本念在於尋找宜居之地，你認為舒服便好，筆者以為，放開心情就是最好的化煞良方，終日憂心忡忡，放多少個八卦亦沒用。

是書主旨在於古都風水原則的現代詮釋，形制以外，心態看法亦應與時並進，是為結語。

最後，當然要感謝麻省理工大學Tristan G. Brown教授和文物專家李宗鴻先生為本書寫序。

Professor Brown是一位年輕學者，以外國人視覺專研中國文化，不受與生俱來的身份桎梏，別有一種客觀和抽離。筆者拜讀他的新書 *The Law of the Land: Fengshui and the State in Qing Dynasty*，對他的資料搜集和獨到見解大為折服。該書重視資料考證，與筆者想法不謀而合，於是趁定稿之際，儘管素未謀面也冒昧致函請求寫序，並附上是書內容，料不到他一口答應，還主動建議以「Academic Turn」為題，寫相較於上世紀，西方學術界逐漸以更嚴謹的學術角度看待風水，評價風水。序文有格局有視野，闡述他對近代風水研究和發展的三點觀察，各有見地，針對目下風水概況。第一點已經一針見血——風水理論並非一成不變，你要問這些理論是哪個時代背景下的產物？需跟特定的時代配合，才能充分理解，然後才談得上運用，並且強調風水的執行必須有嚴謹結構，不是任何人隨便說了算，「It was not a blank canvas on which anything could be written by anyone」（它不是一個任何人都可以隨意書寫的空白畫布），簡直是為本書題旨下了一個注腳；第二點是風水的論述必須有根有據，哪管是所謂神聖不可侵犯的「傳統」風水知識，他也要求知道「Which text?

Which edition? Which commentary?」尋根究底，講考證，講版本，就當風水是嚴謹學術題目來處理，重點在於「Learned skepticism has always been an essential part of fengshui」（學懂懷疑一直是風水的重要部分），對此筆者實在不能同意更多；第三點，風水作為中國文化的一員，如何與其他學問諸如中醫等同儕看待？兩者存在什麼對應關係？而且風水一直與時並進，至唐朝相關的文獻被升上神枱（非原文，筆者用語），Professor Brown指出，宋朝才是現今風水的輪廓雛形，至於實況是否如此，還有考證空間。總之，學風水並非囫圇吞棗，什麼說法也照單全收，那不是真正懂風水。

最後，Professor Brown以中文「風水輪流轉」作結，更是神來之筆。是的，怎樣讓流入江湖的風水走進學術領域，是本書的題旨，也相信是Professor Brown研究的方向，「Academic Turn」如果成功，風水將突破「只要信，不要問」的窠臼，把社會標籤改寫，正符合他指出風水要與時並進的要領。

李宗鴻先生（Francis）則是筆者認識有年的朋友。寫作以外，筆者的「正職」是策展人，一次展覽以唐朝陵墓壁畫為主題，為收虛實映照之效，需要唐朝的古董一併展出。經朋友介紹，認識了作為文物收藏家的Francis，他不僅爽快答應，還義務擔任專家認證，審視展出文物的資歷。Francis年輕有為，中西兼擅，既是熱愛中國文化的學者，二十出頭已獲得國際中國哲學會青年學者論文獎，也是英國皇家院士，經常獲邀擔任專題講者，更兼任著名拍賣行顧問，寫風水的不同面向，Francis是不二之選。

筆者探討中國人的保護意識，行文從風水四神談及墓穴中的鎮墓獸，然而畢竟並非本行，談不上識見，還要請專精本業的Francis出手，才對得住讀者。Francis在序文中借題發揮，導引我們走進中國人生死觀下的幽冥世界，解構墓葬藝術與建築的關係。墓室空間似靜還動，讓耳聽八方，眼觀四路的鎮墓獸得以隨處遊走，保護死者靈魂。

經Francis點破，風水中的基本元素天干地支，原來是所屬墓室神靈的值更表，一如陽間世界，作息有序，交替有時，以最佳狀態輪流守護著墓主人，確保時刻周全，在在反映了中國人事死如事生的傳統觀念和微細心思，Francis並引《大漢原陵秘葬經》為據，證明所說非虛，誠學者風範。至於Francis提到將棺木放置中心，由十二地支組成的長方形框架包圍，則與風水上以天心十道定穴的概念不謀而合，印證了不管陰宅陽宅，中國人頑守置中意識，追求和諧平衡，不偏不倚，更進一步說明中國文化在多方面一脈相承，讓人認識中國之「中」的深層意義。

讀Francis的序文，猶如上了一課考古堂，加上Professor Brown的部分，令這本書的可讀性大大提高，而且緊繫從學術方向闡釋風水的本書宗旨，覆蓋面更廣，立論更嚴謹，筆者必須借此表示深切謝意。至於排版方面，前著《古都巡遊　好風如水》頗獲正評，今次再請得書籍設計師陳曦成操刀，筆者亦極為滿意，希望讀者亦有同感。當然也要感謝香港三聯出版一部團隊的專業意見和細心校對，得以圓滿出版。

最後，必須強調筆者學力所限，許多課題僅屬一己之見，未及全面，尚祈高明指正！

古都巡遊 好風如水（2）
現代詮釋

◉ 作者　梁冠文

◉ 責任編輯　寧礎鋒

◉ 書籍設計　曦成製本（陳曦成、黎美）

◉ 出版　三聯書店（香港）有限公司
香港北角英皇道 499 號北角工業大廈 20 樓
Joint Publishing (H.K.) Co., Ltd.
20/F., North Point Industrial Building,
499 King's Road, North Point, Hong Kong

◉ 香港發行　香港聯合書刊物流有限公司
香港新界荃灣德士古道 220 至 248 號 16 樓

◉ 印刷　美雅印刷製本有限公司
香港九龍觀塘榮業街 6 號 4 樓 A 室

◉ 版次　2025 年 1 月香港第一版第一次印刷

◉ 規格　16 開（170mm × 230mm）232 面

◉ 國際書號　ISBN 978-962-04-5563-6

三聯書店
http://jointpublishing.com

JPBooks.Plus
http://jpbooks.plus